七田式

0〜6歳の

週末右脳あそび

七田 厚

WAVE出版

Prologue

大切なのは「時間」よりも「向き合い方」

忙しい毎日のなかで親ができること

昨日は、お子さんにどんな言葉をかけて過ごしましたか？

「早くして！　ママ遅刻しちゃう」
「ちょっとテレビ見て待っててね。ごはんつくるから」
「いいかげん、もう寝なさい」

一日を振り返って、子供にかけた言葉を思い出すと、「早く」「時間がない」「○○して」と、子供を急かす言葉ばかり……なんてことはありませんか？
働きながら子育てをしていると、毎日のルーティンをこなすだけで精一杯になってしまいますよね。

本当は「今日、何したの？」「嬉しいことはあったのかな」「何を経験して、何を感じて、あなたの一日はどんな日だった？」と、もっと自分にゆとりを持って、子供と向き合う時間を持ちたいはず。

ママ友から、

「うちの子は恐竜が好きだから図鑑を買って一緒に読んでるよ」

「恐竜クイズを出し合ってる」

なんて話を聞くと、自分が子供と過ごす圧倒的な時間の少なさ、内容の違いに愕然として、

「私、子供に何もしてあげられていないかもしれない」

と落ち込む。

そんなお母さんからの相談も、実はとても多いのです。

平日に習い事に連れて行くなんてとてもできないし、お友達と遊ばせたり一緒に遊んだりすることも、とにかく時間がなくて……。私が何もしていないせいで、子供に後れをとらせて、愛情不足にさせてしまったらどうしよう……という不安は、働くお母さんの誰もが抱いています。

でも、そんなふうに悩むのは、お子さんのことを愛しているから。

「時間がないから仕方ない」を言い訳にせず、なんとかして今の状況を改善したい、子供のためにできることを知りたいと思っている証拠です。

子供のためにたくさんの時間をかけることが、愛情をかけることとイコールになりがちですが、実は、時間は最重要事項ではありません。

「時間の余裕＝愛情」ではないのです。

ひとつ、秘訣があるとしたら、時間ではなく気持ちの余裕を持つこと。

「それは時間がないからできないんです」と叱られてしまいそうですが、心のゆとりは時間に余裕のある人にある、というわけではありません。

時間がたっぷりあったとしても、他のことを考えながら子供を遊ばせるなど、頭は違うことを考えて、「ながら」子育てをしてしまうと、それは気持ちに余裕があるとはいえません。

子供の目は何を見つめているのだろうと、その目線の先をたどる。

どんなことを伝えようと話しているのか、心を聴き取るくらい耳を傾ける。

時間は少しでもいいのです。
そのかわり、よそ見せずにお子さんと向き合ってみてください。

表情、動作を見逃さず、心から愛しく見つめよう。今この瞬間、全力でこの子に向き合おう。そんなふうにお子さんに向き合えたら、その時間が一日の中でわずか数分であったとしても、子供たちにはお母さんの愛情が伝わっていくものです。

数分間で子供との関係は大きく変わる

「毎日時間がありません。子供とのコミュニケーション方法が『今日は何をした？』と聞くくらいしかないんです」と不安に思っていたあるお母さん。数分でいいなら時間をとれるかもしれないと、私がおすすめしている「俳句の読み聞かせ」を始めてみました。

すると5歳のお子さんは、お母さんとの時間が嬉しくて嬉しくて、10、20、30とどんどん覚えてしまったそうです。

お母さんが上の句を言うと、するすると下の句を言う5歳の男の子。保育園への送り迎えの自転車に乗りながら、電車の中で、朝晩のちょっとした時間に、クイズを出し合うように俳句だけで会話するふたり。

「お母さん、俳句しよう」「もっとしよう」、お母さんも嬉しくて、親子の俳句時間は最高のコミュニケーションになっていきました。

「我が子が何を好きなのかわからない」

子供を理解できない自分に感じていた不安は一切なくなったそうです。

時間をたっぷりとる、子供のためにいろいろな経験を山ほどさせる、そのような理想を自分に課さなくて大丈夫なのです。**向き合う時間がわずかでも、ふたりが心を突き合わせて楽しむと、愛情は真っすぐに届きます。**子供の興味の矛先を、さまざまな所に発見することができるのです。

「自分は愛されている」と思わせるくらいの愛情を伝えられる。我が子の「好き」を発見し、才能の芽を芽吹かせてあげる。

それが数分でできるなら、どんなに忙しくてもがんばれそうな気がしませんか？

「僕（私）は愛されている」とお子さんが感じるときには、お母さんも「私、子供たちから愛されている」と感じられるもの。愛が循環しているのです。

ぜひお子さんと一緒に楽しんで遊び、幸せのサイクルを感じてください。

子供の才能は「好き」から芽生える

「子供の才能を見出してあげたい」

そう思って、習い事は早く始めたほうがいい、たくさん習わせたほうがいい、と子供の教育のために一生懸命働いている親御さんは多くいらっしゃるでしょう。

話題の藤井聡太棋士が幼少期に遊んでいたというパズルが売れたり、5歳から将棋を始めたと聞けば、やはり始めるには早いほうがいいと習い事を探したり。

確かに、6歳までの早い時期に始めることは脳の発達の段階から見てもいいことではあります。パズルも、空間把握力や推察力をつけるのに大いに役立ってくれるすばらしいあそびです。

しかし、それは藤井棋士に適していたからなんです。彼の「好き」が、パズルやその先にある将棋にあったからこそ、能力が十分に発揮されたのです。

「藤井聡太くんのように育ってほしい！」と、良かれと思って与えたパズルも、まったく興味を示さず部屋の隅でほこりをかぶることに……。そんな経験をされた方もいるでしょう。

子供たちが才能を発揮するためには、好きなことを見出すことが必要。

大切なのは**我が子の「好き」がどこにあるか、それを見つけていくこと**です。

「この子は何に興味があるのだろう」と関心を寄せ、「〇〇ちゃんはこれが好きなんだね」「上手だね」「一緒に楽しめて嬉しいな」と言葉をかけて、子供の「好き」を一緒に喜ぶこと。

親が子供の好きを見つけていく過程は、愛情を伝える行動に他なりません。

親にできるのは「場づくり」まで

人は誰でも無限の可能性を持って生まれてきます。

どんな可能性の種が、いくつ埋まっているのかわからない。そんな「お宝畑」を持っているのです。

この畑、宝の種がいたるところに散在しているのですが、放っておいたら荒野のまま。固くて枯れた土の中では、芽を出すことができません。


たとえば、道端の草木を立ち止まってじっと見ている子には、植物園や、近くの自然がいっぱいの公園に連れて行くなど多くの植物に触れる機会をつくってみましょう。咲いている花の名前を教えて、一緒に知っていくのもいいですね。

「それどういう意味？」と言葉をよく知りたがれば、図書館で好きな本を選ばせて毎日ひとつでもいいので、たくさんの言葉に触れる機会をつくってあげる。そうすれば、子供たちの好奇心はより高まっていくでしょう。

普段の様子をよく見て、**「好き」を発見できる場を提供すること、「好き」が広が**

る機会を増やしてあげることは親にしかできない仕事です。

好きだと思ったのにすぐに飽きてしまったり、あまり興味がなくて的外れだったりすることもあるでしょう。

しかし、興味が駆り立てられる場に置かれることで、まだ見ぬ才能の芽が顔を出す可能性が、「場を提供されなかった」ときと比較すると、はるかに高まるのです。

子供の才能がどこにあるのか、じっと観察し、わずかなヒントを頼りにして、もっと伸びる場をつくる。来る日も来る日も荒野を耕し、水をあげ続け、そうして何年もかけて土台をつくり、芽を出させる、まるで開拓者のような仕事です。

発芽の先、茎を伸ばし、花を咲かせていくのは子供たち自身の仕事。それまで進めてきた耕す手を止めて、主体を子供に移していくのも親の役目です。

主体性が子供自身に移行していく時期は、小学2年生、7歳からだと言われています。0～6歳の幼児期には主体性は親にあります。7歳になったときに、子供自身が上手に主体性を持っていけるよう、耕してあげることが大切です。

子供の人生は幼児期の親の接し方で決まってしまうの？　と責任を感じすぎることなく、わが子の才能の芽はどんな色かな、どんな形なんだろうと、楽しみにして「好き」を見つけてあげてください。

時間がなくても子供の「好き」は見つかる

子育てしながら働く女性は、75%という今の時代。

自分の身支度、子供の着替え、ごはんに歯磨き。ふてくされて泣きわめいても、自転車に無理やり乗せてベルトで押さえる。電車に間に合うように保育園へ送る朝。終業と同時に走ってお迎え、19時過ぎに家に着いてから夕ごはんの支度。何とかお風呂にも入れて、やっと寝かしつけたらもう22時近く……。

「働いてるから仕方ない」で片づけて、なんとか自分を保つ毎日。そんな日々の中で、お子さんの好きなことを探す時間をとることは難しいでしょう。

本当はゆとりを持って子供を見つめたい、でもできない。ジレンマを感じているお母さんからの声をよく聞きます。

では、子供と接する時間が少ない親には、子供の好きを発見することができないのかというと、決してそんなことはありません。

少ない時間の中でも、子供の好きに気づくためのコミュニケーションの機会はつくることができるのです。

私は立場上、よく「お子さんにもさぞ完璧な教育をされたのでしょうね」と思われるのですが、実は私も妻も仕事人間。夫婦そろっての出張も多く、3人の子供たちは祖父母の家に預けられることがとても多い生活でした。

幼児期の教育はさぼったかなと思うのが正直なところです。完璧とはほど遠く、だからこそ、「時間がない」「してあげたいけどとても無理」とご相談してくださる親御さんの気持ちが実感としてわかります。

そんな私ですが、**時間がない中でもポイントさえ押さえれば、子供たちと良質な時間を過ごし、彼らの「好き」を見つけられる親になれる**ことを自身の経験からも実感しています。

本書は七田式教育の創始者である七田眞から、私七田厚へと代替わりしながら60年の歳月受け継がれてきた右脳教育の本質、愛のベースが育まれる方法を右脳あそびとしてご紹介します。

「これを全部やるの？」とぎょっとした方、安心してください。

平日にしてほしいのはたった1つ。

週末にしてほしいのも2つのあそびだけ。

働くお母さんが「これならできる！」と安心して取り組んでもらえるよう、内容、スケジューリングを徹底追求し、3カ月間のスケジュールに沿って取り組むだけで、親子で楽しみながらお子さんの能力を発揮できるような組み立てにしました。

「たったこれだけでいいなら、もっとやれちゃうかも？」

そう思えたらしめたもの。ぜひ楽しんで、お子さんとの時間をつくってみてください。

目次

Prologue
大切なのは「時間」よりも「向き合い方」

Chapter 1
0～6歳の右脳あそびが才能をぐーんと伸ばす

Chapter 2

1カ月ごとに成長が見られる！ 週末右脳あそび

う〜んと…

Chapter 3

もっと愛が伝わる！ 親子コミュニケーション

Epilogue

イラスト　matsu
装丁　河村かおり（yd）
編集協力　福井壽久里
編集　枝久保英里（WAVE出版）
校正　東京出版サービスセンター

Chapter

1

０〜６歳の右脳あそびが才能をぐーんと伸ばす

０〜６歳で右脳を刺激すると才能が芽生える

「天才は右脳が発達しているらしい」
「論理的なあの人は左脳人間だ」

こうした言葉を聞いたことはありませんか？
右脳と左脳は司る能力が異なり、大きく分けると次のような特徴があります。

右脳：感覚的、直感的な能力に優れ、総合判断力が高い。図形の把握、空間把握が得意。芸術性のある楽天家
左脳：分析的で論理的思考に優れ、言語や計算が得意。真面目で几帳面な努力家

人は誰でも右脳と左脳を使って生きています。右脳と左脳、どちらの能力が優れているということではなく、あるとすればどちらかの傾向が強いということでしょう。

アートが大好き、いつもいろいろなアイデアがあふれだす人は右脳の力が強いでしょうし、極めて論理的な思考で、結果につなげる理論構築が得意な人は左脳の力が優れているといえます。

人間は生まれてから幼少期までは右脳で判断し、直感で行動しています。3歳ごろになると左脳が発達しだし、徐々に論理的な思考が生まれていくのです。親の言ったことを理解して行動につなげていけるようになるのは、この頃に言語脳である左脳が発達しだすからなのです。

学校教育が始まると、右脳は育つ機会がなく、その力は埋もれていってしまいます。学力中心の教育は論理的思考ができるようにプログラムされてきたため、左脳の能力ばかりが評価され、右脳の力が重要視されることがなかったのです。

右脳教育というと「特殊な超能力を育てるもの」「天才を育てるための英才教育」と受け取られがちですが、**右脳による能力は誰もが持っていて、育ててあげれば誰もが開花させられる力**なのです。

右脳を育て発達を促してあげるのに適した時期が、右脳優位な6歳までの幼児期です。

その方法は子供と一緒に遊ぶこと。

「勉強しなさい」と声をかける必要も、「ここまでやらないとダメでしょ」と決まった範囲をこなすものでもありません。

ただ親子で一緒に楽しんで遊ぶ、それだけなのです。

60年にわたり右脳教育をする中で伝え続けてきたことは、**右脳教育は愛を伝えるもの**だということ。親の愛を感じる喜びと安心感の中で、子供たちの右脳の力が育っていくことが脳科学からもわかっています。

親子の心身のコミュニケーションを通じた「楽しい」「嬉しい」あそびの中でこそ、右脳が刺激され、ひらめき、柔軟性、創造性、豊かな感情、全体把握の力、記憶力など生涯にわたって発揮できる右脳力の土台が培われていくのです。

中でも「記憶力」「イメージ力」「直感力」は右脳の3大能力といっても過言ではありません。これら3つの力が育つことで、子供たちは自分で考え、自分で決められる大人になっていきます。

右脳が引き出す3つの力

0～6歳で右脳を鍛えた子供たちは、主に「**記憶力**」「**イメージ力**」「**直感力**」の**3つの力が大きく育ちます**。そうした力を身につけた子供たちは、次々と自分の夢を叶えていくのです。

夢を叶える3つの力とはどんな力なのか、簡単に見ていきましょう。

●記憶力

6歳までの脳がつくられていく過程で、記憶力のトレーニングをすると、一生ものの記憶力が育まれます。その理由は右脳にあり、右脳優位のこの時期に記憶力を鍛えると、**「無意識の記憶力」が育つ**のです。本人が覚えようとしなくても、膨大な量の暗記がいとも簡単にできる記憶力です。

文字も読めない時期の子供が論語や平家物語などの一小節をするすると口にする、2分ほどに及ぶ量の内容を空で言えるなど、驚異的と思えるような記憶力をどの子も身につけることができるようになります。

そして、幼少期に右脳記憶で入れた情報は、忘れることがありません。脳内に図書館があるという感覚でしょうか。覚えたことは必要なときに必要な場所から取り出せばよいという感覚で、知識のストックが可能になります。

大人になってからも右脳記憶をすることができるので、**記憶するのに苦労しない脳を持つことができる**のです。

●イメージ力

自分の夢を実現するのにイメージ力が重要という考え方は、近年多くの方に浸透してきました。人は無意識の方向へ向かって行動していくものなので、**なりたい自分、もうそうなっている自分を具体的にイメージすることによって、無意識のうちにその未来のための行動をとり始める**のです。

また、ピンチをチャンスに変える柔軟な発想、仕事や人間関係、人生を豊かにする考え方も、イメージ力をつけることで育まれます。

「この形が何に見えるかな？」などの単純な空想あそびと思われるイメージ力トレーニングを幼少期から始めることで、大人になってから自分の思考を現実にしていくほどのイメージ力を培っていくことができるのです。

●直感力

「虫の知らせ」「以心伝心」「あうんの呼吸」日本には昔から直感の力を表す言葉が存在します。人間の思考の範囲を超えた、真理をつかむ力ともいうことができるでしょう。ただの当てずっぽうではありません。

人は一日の中で、ものすごい数の判断をして生きています。その度に思考しているようで、実は直感的に判断を下していることも多いのです。ぱっと決められたときのほうがうまくいくという経験をしたことがある方も多いのではないでしょうか？　ぱっと決めるというのは、根拠のない直感による判断です。

本来、直感は誰しもに備わっている力ですが、膨大な情報から整理していく「思考」を働かせることに従事していくほど、直感は使われないまま埋もれていきます。

あまり考えることをしない幼児期は、直感を鍛えるのに最適な時期なのです。

岐路に立たされたとき、どんなに頭を悩ませて、情報を駆使しプランを練っても、最後に頼りにするのは自分の直感力。「これでやってみよう」と道を決めるのは自分の直感でしかないのです。

生きる力の根源ともいえる直感力を幼児期にトレーニングすることで、決断できる人間になることができます。自分の決断を誰よりも自分が信じ、人生に責任を持てるようになるのです。

愛が伝われば効果は倍増する

赤ちゃんが育っていくために親がすることは、「教えること」だと思っている方はとても多いでしょう。

コップで飲めるように、靴が履けるように、こぼさず食べられるように、たくさんの言葉を話せるように、お友達とケンカしないように……。

「教える」ことが子育てだと考えている親は、子育てが難しくなります。

「教える」先には、必ず教えたことが「できた」か「できなかった」か、ジャッジがあります。親は子供を評価する人になってしまうのです。

すると、伝わるのは条件付きの愛だけ。子供は、そのままの自分を愛されない不満を常に感じるようになります。

ありのままを受け入れられない欠乏感は、反抗、やる気がない、泣き虫など、親からすると扱いにくいなと感じる表現となって表れてくるので、育児が大変になってしまうのです。

そんなとき、「しつけがなってないからだ、そんな態度だと人から嫌われると、もっと教えてあげないと」と、教える方向を加速させてはいけません。

教えることがいちばん大事という考えを一旦取り払ってみてください。子育てで最も大切なことは、子供の「心」を愛でいっぱいに満たしてあげること。**あなたのままで最高なんだと存在を認めて、心を抱きしめてあげること**なのです。

脳幹を育てると心が満たされる

愛を伝え、心を満たすにはどうすればいいのでしょうか。それには、脳と心の教育がどのように関わっているのかを知る必要があります。まずは、脳の働きを知ることから始めましょう。

図を見てみると、**脳のいちばん奥の「脳幹」という箇所が意《こころ》に関わっていること**がわかります。「教える」ことは知を司る領域を育てることはできますが、それは脳の外側の部分にすぎません。

やる気に満ち、自己肯定感が高く、たくましく生きられる子供にしてやりたいと思ったら、意《こころ》を愛で満たすことです。そのためには、脳幹への働きかけが必要不可欠なのです。

親が子供へ愛を伝える＝脳幹を育てる方法、それは「スキンシップ」です。

その理由は、人間がお母さんのお腹に宿ってから始まる胎児の個体発生に関係しています。

実は脳幹と皮膚は根が一緒です。胎児のときに細胞が分かれ、脳がつくられる

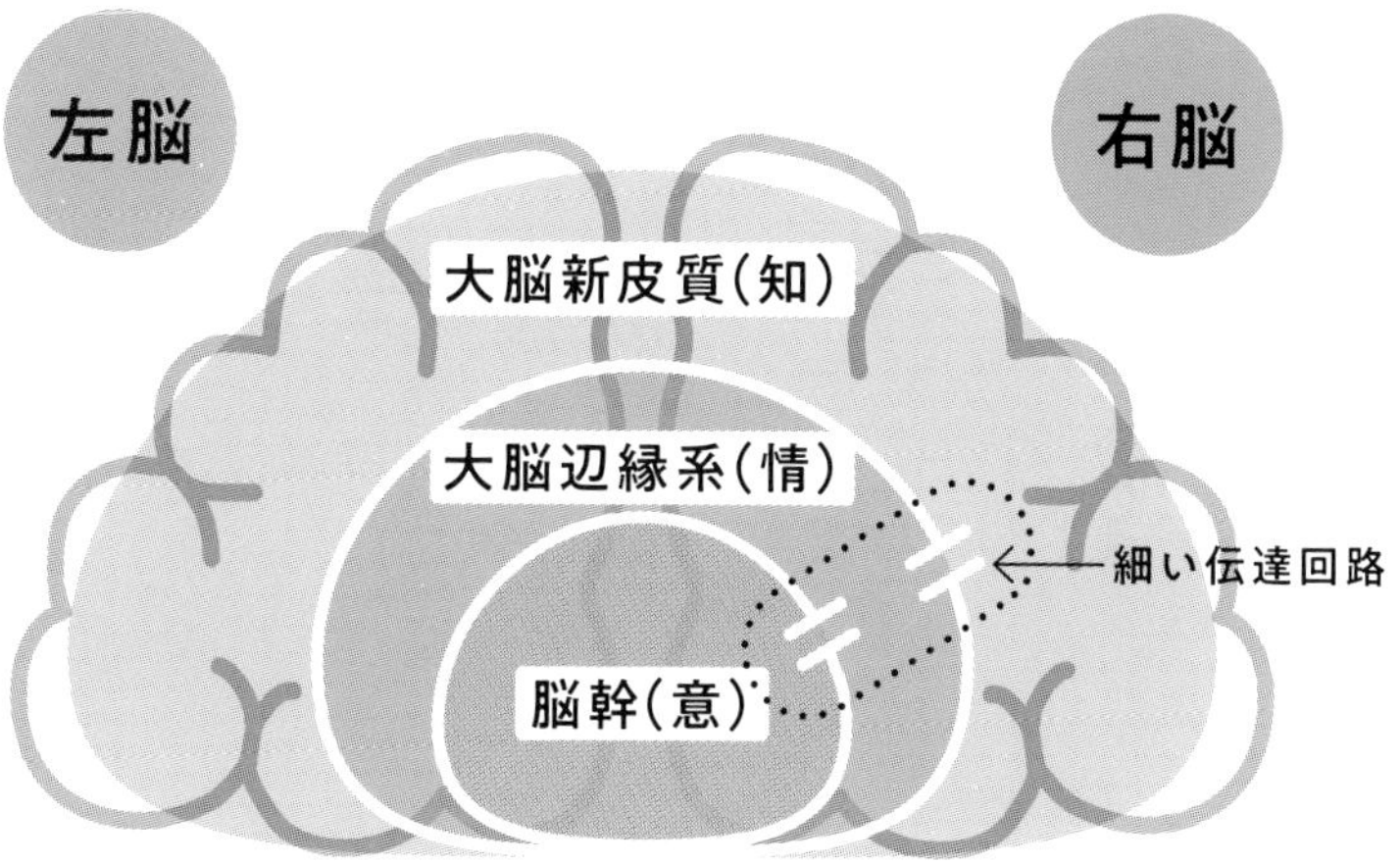

頃、外胚葉の一部が脳幹をつくり、一部が外に出て皮膚になりました。もともとはひとつだった細胞は分かれた後も連動し、皮膚への刺激は脳幹へ伝わるようにできています。体の最も外側にある皮膚が脳のいちばん奥の部分とつながっているとは、人間の体は神秘ですね。

子供たちを、たくさん抱きしめ愛撫してあげてください。たくさんのスキンシップで心を司る脳幹が育っていきます。愛が伝わっていくのです。

私たちが、愛しいと思うときに相手をぎゅっと抱きしめたくなるのは、無意識のうちに愛の伝え方は肌を触れ合わせることだと知っているからなんですね。細胞が記憶しているのです。

「たかひがそ」で愛が伝わる

「子供に愛を伝えたいとはもちろん考えているけれど、私の方法で子供に愛が伝わっているのかな？」と心配されるお母さんは多いものです。せっかく授かった子供と生きる時間を、お母さんが幸せだと感じられるものにしたいですよね。お母さんが幸せだと、愛が子供に伝わって、幸せのサイクルが巡ります。

子供のために、あれもこれもしてあげなきゃという思いでいっぱいになると、幸せを感じるゆとりがなくなってしまいます。

たくさんのことをしてあげるのが愛の伝え方ではないんです。「じゃあ、一体どうすればいいの？」という方へ、これだけ気をつければ大丈夫だという6つのポイント「たかかひがそ」をご紹介します。

「た」短所を見ない
「か」過程を見守る

「か」完璧主義からの脱却
「ひ」比較には注意する
「が」学力中心はやめる
「そ」そのままが最高

【短所を見ない】

短所と長所は表裏一体。2つのものを同時に持ち合わせないのも人間です。道端の花をじっと見て動かなくなる子は、観察力や好奇心、花に心を寄せる情緒のある子なのかもしれません。テキパキ行動することを重視していると、それは「のろのろしている」「次の行動を見通せない」と、デキない要素になってしまいます。

そこで「短所を見ない」と決めてしまいましょう。

ぐずぐずして、と思ったら「目の前のことに取り組む集中力があるんだ」と長所に変換するようにできたらいいですね。ですが、イライラしているときには、そんなことできないかもしれません。**「短所として見ている」と気がついたら、思考をストップ。**ただ道端の花を見ているんだと、事実だけをとらえてみます。一瞬でも短所から視線を外すと、感情がおさまって、少し待てたり、「そろそろ行こうか」

と冷静に言葉をかけられるようになります。

短所を見ないようにするには、**普段から子供の長所をほめる癖をつけておくことも有効**です。「自分で服着られてすごいね！」子供はお母さんがほめてくれると嬉しくて、どんどんしてくれますから、ぐずぐずしてお母さんが短所を感じる回数は減っていきます。

子供はほめてほしくて励んで自分から行動する、お母さんは短所探しをしなくなる、子供とお母さんの世界から短所がなくなっていく、相乗効果が働きます。


【過程を見守る】


1歳には1歳の、3歳には3歳の子の成長過程があります。できないのではなく、年齢に応じた成長段階を踏んでいるんです。「今、できない」のではなく「これからできるようになる」と伸びしろに目を向け、温かい目で見守ってあげましょう。

年齢に応じた成長過程もそうですが、**子供一人ひとりの成長過程があります**。本にはこの年齢ではこれくらいできると書いてあるのに……と落ち込むことなく、その子の成長過程を見つめましょう。それは親であるあなたにしかできない、愛のまなざしです。

【完璧主義からの脱却】

仕事から疲れて帰って来ても、プリントや英語の音読、子供のための取り組みは欠かさず行う。「ねえ、ねえ」と声をかけてくる子供には、家事の手を休めて振り返り、笑顔で話す。

こうしたい、でもできていないと、子育てにジレンマを抱えながら過ごしているお母さんは多いものです。

理想に近づこうと完璧主義になってしまうお母さんは、**まずは「毎日の仕事に育児に、私は十分がんばっている！」と自分をほめてあげてください。**

そして完璧主義に代わって、セカンド・ベスト主義をとってみましょう。

親が理想の教育を与えたいとがんばるほどに、高い理想を押し付けられた子供は窮屈になります。

「あなたのため」と言いながら、親が与えてくる環境は、親の理想郷にすぎず、子供が本当に求めている居場所でないことが多いのです。親も自分の理想とは違った行動をする子供にイラだち、ストレスは募る一方。そんなゆとりのない完璧主義は親自身を苦しめるのです。

セカンド・ベスト主義は、理想の教育を完全にやろうと気負いすぎず、我が家のできる範囲でやれることをしてあげればいいというものです。

平日は自分にゆとりがないから、学習的なものをしない。
時間もお金もゆとりがないから、習い事は週末に一つにする。
子供の話を聞いてあげるために、夕飯がレトルトの日があってもいい。

セカンド・ベスト主義では、親が自分を「〇〇すべき」から解放してあげるので、ゆったりとした気持ちが生まれます。子供を自分の理想に当てはめようとしてうまくいかない、負のイライラスパイラルから抜け出せるので、子供にとって最高の生活環境になるのです。

【比較には注意する】

兄弟、友達など、子供を他の人と比較することはやめましょう。
「〇〇ちゃんはもう二語文話してるのに、うちの子はまだ言葉が出ない」
「お兄ちゃんは友達と仲良くできるのに、〇〇は手が出ちゃってお友達と遊べない」

言葉にしなくても、そのように比較して考えること自体ストップです。思考は態度となって、伝わってしまうものです。

比較していいポイントは、その子自身の数カ月前、数週間前。

「3カ月前にはまだボタンがとめられなかったのに、できるようになったね」

「2週間前はやだやだって、公園から帰らなかったのに、最近お母さんのお話を聞いてくれるようになったね」

できるようになったことをほめてあげるための比較は大歓迎。積極的にしてあげてください。これは、お母さんが、ほめ上手になる方法でもあります。

【学力中心はやめる】

子供がなりたい職業上位に「ユーチューバー」が台頭したとき、多くの親御さんは時代が変わったと衝撃を受けたのではないでしょうか。約30年前のランキングの上位は1位保育士・幼稚園の教諭、2位プロ野球選手、3位小中高の先生、4位サラリーマンでした（学研ホールディングス『小学生白書』）。

そうした時代では、どれだけ学力をつけるか、どれだけいい大学にいけるかが重要で、子育ては学力中心になっていきました。偏差値の高い学校に入ることが、幸せな人生を約束すると誰もが信じて疑いませんでした。

しかし、それは30年も前の話。

若くして自分の裁量で仕事をして稼ぐベンチャー企業が台頭。大手企業に入っても一生の安定がないという、これまでの常識が覆されたリーマンショック。時代が移り変わる中で、「学力」より「生きる力」のほうが大事だと、多くの人が気づき始めています。

我が子にいい成績をとってほしいと思っていても、本当の目的は「子供が自分の力で生きていける」こと。学歴でいい会社に入ることがゴールではないはずです。自分で考え、判断し、選択する。選んだ道に責任を持ち、後悔しない人生を送る。自分の道を切り開くには、テストでは測れない「知力」が必要だということが、実は親御さんもご自身の経験からわかっているのです。

教育とは本来、知識や技術を教え込むことではなく、子供が本来持っている優れた素質を引き出してあげるためのものです。自分の教育方針が学力重視になっていないか、振り返ってみましょう。

「ユーチューバーになりたい」

お子さんがそう言ってきたときに「ダメダメ」と瞬時に思ってしまう自分がいたら要注意です。「とにかく勉強することが大事」という無意識の固定観念からの反射反応かもしれません。

「〇〇くんの人を楽しませたいって気持ち、いいね」
「努力すれば、きっとできるよ」
「そのためにはどんなことをしていけばいいと思う？」

認めて、信じて、一緒に考える。そんなふうに返せたら素敵ですね。

【そのままが最高】

人間は短所を見つけるのが得意な生き物です。
これは進化の過程から備わった、本能というべき能力だそうです。死の危険から身を守るために、自分の弱点の発見と改善を繰り返し、生き延びてきた私たち。ですから、「短所ばかり見つけてしまう」と自分を責めてしまうお母さんは、「これは人間の本能だから仕方ない」と、一旦、自分を許しましょう。

そして、見つけた欠点に目をつぶる。

どうしたら欠点が直るか考えるのではなく、

「そのままの我が子が最高」

「いつだって１００点満点」

そう思って、**良い点だけにフォーカスしていきます。**

初めは難しく、

「おもちゃ出しっぱなし」

「服を脱ぎっぱなし」

「ご飯を食べるのが遅い」

と思うことがあっても、それを欠点と見ないことです。その子が行動を変えられるように、またはお母さんがイライラしない工夫があるか、それだけ考えて、お子さんに**「できない子」のレッテルを貼らないい**ようにしてください。

・何でも放り込んでいいカゴや箱を用意して、片づけが楽にできるようにする
・服を脱ぐ場所を決めてあげて、脱いだパジャマを拾い集める手間をなくす
・ゆったりと食事できる、優雅な貴族気質な子なんだと発想を変えてみる

こんなふうに変えてみるのはいかがでしょうか？

親が子供の見方や接し方を変えると、不思議なことに一瞬で子供の態度が変わっていきます。


子供はそのままで100点と、存在そのものを認めてあげること。

短所を探すことを封印し、良いところをどんどん見つけて、ほめていく。

すると親の小言はなくなり、子供たちの表情、行動、全てがいきいきと動き出します。親の愛が伝わっていくのです。


「あなたはあなたのままで最高なんだよ」

そんなふうに伝えてくれるお母さんと一緒にいられる毎日は、子供にとってこれ以上ない安心感と幸せに満ちています。

「お母さん大好き！」

子供たちから自然と言葉があふれるでしょう。

一日一冊の絵本読み

働いているお母さんたちは一分一秒フル稼働の平日ですが、それでも子供のために、たったひとつ、これだけはしてあげてほしいと伝え続けていることがあります。

それが、絵本の読み聞かせです。

読むのは一冊でかまいません。一冊の絵本読みをぜひ続けてほしいのです。

たった一冊でも絵本の読み聞かせをしてもらいたい、いちばんの理由は、**絵本読みはお母さんの愛情が子供に伝わる時間**となるからです。

親は愛情を与えているつもりでも、子供には届いていなかったというすれ違いはよく起こるものですが、絵本読みをされた子は「私はお母さん（お父さん）に愛されている」とはっきり自覚できます。

それは、絵本読みが決して片手間にはできない行為だからです。

料理をしながら話を聞いたり、スマホをいじりながら会話したり、洗濯物をたたみながらおもちゃあそびに付き合ったり。忙しい中では、どうしても「ながら」で、子供の相手をすることが多くなります。

お母さんの顔を見て話したい、もっと自分のことを見てほしい、もっと聞いてほしい、子供たちの思いは募る一方です。そんな子供たちの不満を解消するのが、絵本読みの時間です。

絵本読みは「ながら」ができないため、お母さんが自分のためだけに時間を使っていると、子供が実感できるのです。

私の家では3人の子供に対して、毎晩ひとり3冊、絵本を読み聞かせていました。とはいっても、時間にしたら15分程度。一日の中で子供と触れ合う時間としては少なすぎると言えるでしょう。

それでも、毎日の絵本読みの時間は子供たちの中でお父さんとの思い出として深く胸に刻まれているようです。

一冊の絵本だと、読むのにかかる時間は3~5分。

それでも子供はお母さんが自分だけのために時間をつくってくれていること、その愛情を感じとるのです。

平日のサイクルの中で、子供のためだけの時間をとることは難しいと思われるかもしれません。

それでも、たった数分で「私は愛されてる」「ママは僕のことが大好きなんだ」とお子さんに愛が伝わるのなら、なんとかがんばれる気がしませんか？

絵本読み、毎日５分の積み重ねが、愛の土台をつくり上げ、子供とお母さんに幸せのループが巡っていきます。

お手伝いを〝生活〟にする

絵本の読み聞かせにプラスして、平日に取り組んでもらいたいのがお手伝いです。

小さな子供にお手伝いをさせるのは、お母さんのフォローが必要で手間がかかります。逆に仕事が増えるから、自分でやってしまったほうが楽と思われるのも当然です。

でも実は、この発想が思い込みであることも多いのです。

「3歳の子にゴミ捨てを頼んだら、重いゴミ袋も運んで捨ててきてくれて驚きました」「5歳男子だけど、部屋の片づけをさせたら私よりも整理された部屋に仕上げてくれました」

など、**できないと思ってさせてみたら、思いがけずできた。親の自分より上手にしてくれた、ということもよくある**のです。

お手伝いを「子供の経験や学びのためにさせてあげなければならないこと」と義務に感じるはやめましょう。そうではなく、「自分の生活が楽になるための投資時間」

と考えてみてください。

いずれ子供が家事を分担してくれるハイリターンを思うと、隣についてやり方を教えなければならない面倒くささや、失敗して手間が増えてしまったというイライラも薄らいできます。

そして、子供は大人が勝手に決めた枠をいとも簡単に飛び越えて、思いがけない力を発揮してくれるもの。「親の私より上手」という発見も大いにあります。我が子を見くびらず、ちょっと難しいかなと思うお手伝いも積極的にさせてあげましょう。


この後、数や量、色や形、大きさなど就学前に身につけたい「基礎概念」の習得法を紹介していきますが、実はお手伝いの中にはそれら全てが含まれています。お手伝いは生活の基礎となる概念が、自然に身につく最高の学び場なのです。


日常にある家事を、親子で分け合う時間を少しずつ積み重ねましょう。**子供にとってお手伝いは労働でなく、お母さんと過ごす楽しいとき。愛情が伝わる時間です。**

子供との時間がとれないと嘆き心配されるお母さんこそ、ぜひお手伝いをさせてほしいと思います。お母さんと共同作業をしている実感が持てるから、お子さんの心はどんどん満たされていくという特別な時間になります。

ほめポイントが生まれるのも、お手伝いのいいところ。

「○○くんが手伝ってくれて、お母さん助かる」

「洗濯物たたむの上手だね、さすが○○ちゃん」

と、普段ほめ下手なお母さんでも自然と言葉が出てくるでしょう。

ほめられると、子供のやる気はますますアップ、いいことづくしのお手伝いです。

ぜひ子供たちの生活に組み込んであげてください。

次は、実践編です。平日は基本、絵本読みだけ。余裕があればお手伝いにチャレンジ。それにプラスするのは週末の2日にできる簡単な親子あそびです。

難しそう、子供がやりたがらない。そんなときには無理にすることなく、できそうなあそびをチョイス、またはお休みしてください。スケジュールをこなせない自分、子供を責めないでくださいね。

いちばん大切なのは親子で楽しみながらすること。お母さんが楽しいから、子供も楽しい。子供が笑顔だからお母さんも笑顔になる。そんな時間をつくるツールにしてください。

Chapter

2

1カ月ごとに
成長が見られる!
週末右脳あそび

3カ月で右脳力を伸ばす！

さあ、2章からいよいよ子供たちの才能の芽を育むあそびをご紹介します。就学前に伸ばしておきたい力が自然に身につくあそびが、週末だけのゆったり3カ月スケジュールで組まれているから、忙しいママも無理なく行っていただけます。

右脳あそびの取り組み方

・平日は基本、絵本読みだけ。余裕があればお手伝いにも挑戦しましょう。

・1週間に2～5つ、土日にする右脳あそびを紹介。その中から2つ選んで、取り組みます。難しかったり、好きになれなかったりするあそびもあるかもしれません。子供が気に入ったものをやってみましょう。

・がんばりすぎないことが大切。各月の4週目はお休みタイム（お休みは4週目でなくても、好きな週にとってOK）。

・3カ月で一通りやってみたら、1カ月目から繰り返して継続しましょう。気に入ったあそびだけをチョイスして、オリジナルのスケジュールを組み立ててもＯＫ。

スケジュールはあくまでも目安です。決められたスケジュールを必ずこなさなければ、というものではありません。

いちばん大切なのは、お母さんと子供が楽しめること。機嫌が悪い日はお休みにしたり、好きでなさそうなあそびは違う週のものに変えたり、お母さんとお子さんのご機嫌を最優先して、自由に使ってください。

右脳を育て、才能の芽を出すというとそんな大役を果たせるだろうかとプレッシャーに感じられるかもしれませんが、大丈夫です。

七田式が60年間、変わらずに提唱しているのは、人が生きていくのに欠かせない力。

「自分で考えること」
「人の話を聞くこと」
「人に伝える語彙力を持つこと」
など根本的な人間力です。

それらは親子間で愛の伝達サイクルが巡ることで育っていくため、お母さん、お父さんと遊ぶということはとても大事なのです。

人は、自分の才能を存分に発揮して、いきいきと生きている人を見ると、その人を天才だと感じるのではないでしょうか。右脳教育で天才的な能力が育つのは、子供たちを、好きなことに没頭している姿、自分の能力を発揮して輝く姿にしてあげられるからかもしれません。

そこに、魔法のような秘儀があるわけではありません。**人間としての基盤が育つからこそ、それぞれの子の才能が芽吹いていく**のです。

親子で楽しみながら、子供たちの才能を芽吹かせてあげましょう。

1
カ月目
基礎概念を身につける

1カ月目

基礎概念を身につける

●基礎概念とは

基礎概念というと難しく聞こえてしまいますが、基礎概念を身につけることは、他者とのコミュニケーションに欠かせない「表現力」を知ることです。

「色」「形」「大小」「数」「量」「空間認識」「比較」「順序」「時」「お金」、それぞれにまつわる表現を10の基礎概念と呼んでいます。

たとえば「色」では赤い・青い、「形」では丸い・四角い、「量」では多い・少ないなど。基礎概念を学ぶことは、大事な形容詞を学んでいくことに他なりません。

子供たちは「赤いさくらんぼをお皿に3個ずつ並べてね」と言われても、「時計の針が5のところになるまで待っててね」と約束されても、色、数、量、時の概念がなければ、何を言われているのかわかりません。言葉が指し示す概念を体感としてわからせてあげることが必要です。

10の基礎概念を知ることで、子供は親の言っていることを理解し、自分が何を言われているのか、何をすればいいのかがようやくわかるようになります。すると、意思疎通が円滑になり、親と子、双方にとって不思議なくらい過ごしやすさが生まれるのです。

基礎概念の定着によって、子供たちは次のことができるようになります。

・言われたこと、頼まれたことを的確にこなせる
・約束を守れる

子育てがぐんと楽になること間違いなし。お子さんの就学後の学習がスムーズになることも、多くの子供たちが証明してくれています。

平日

絵本読みのポイント❶

絵本に興味を持たせよう

絵本の読み聞かせのファーストステップは、子供が「絵本っておもしろいな」と思えるような時間をつくってあげることです。特に3歳くらいまでの低年齢のうちは、ストーリーを追えているかなどは気にせずに、絵を楽しんでいるかに注目してあげてください。

絵本を読むというと、情緒を育てる、語彙力をつける、疑似体験を積むなどの効果を求めてしまいますが、それはまだまだ先の話。お子さんが純粋に絵を楽しみ、「お母さんと一緒で嬉しい」と思うこ

POINT

- ストーリーではなく、絵を楽しもう。
- 「絵本っておもちゃみたい」と思ってくれるだけでOK。
- オノマトペが中心の絵本もおすすめ！

とが何より大切です。しかけ絵本は親子で楽しむのに最適です。音の出るもの、ひもを引っ張るもの、手触りがあるもの、さまざまなタイプのしかけ絵本で遊びましょう。

0歳から6歳の子供は知識欲が旺盛なので、図鑑を一緒に見ながら「今度行く水族館にはイルカさんがいるね」と本の中で新しい知識を得る体験をさせてあげましょう。お出かけ前に関連する図鑑で知識を得ることで、「ママ、これ知ってる！」「図鑑で見たイルカだよ」と、知識が体験と一致する喜びで子供の好奇心・知識欲は一層高まります。

平日

お手伝いのポイント❶

ものには帰る場所があることを知ろう

料理は学校で実習があり、掃除も小学生以降は毎日学校の掃除の時間があり、先生から教わる機会もあるでしょう。

家事の中でも「お片づけ」は外で学べる機会がほとんどありません。親に教えてもらわなければ、片づけることを知らないまま大人になってしまうのです。「主人は片づけられない人」と怒る女性は多いですが、ご主人は片づけられないのではなく、片づけ方を知らない人、片づけ方を教えてもらわなかった人なのかもしれません。

POINT

- 自分のおもちゃは自分で片づける習慣に。
- 片づける場所をつくってあげよう。
- 放り込むだけでもOK!
片づけのハードルを下げよう。

お子さんを片づけられる大人にするには、この時期にお手伝いの中で学ぶのがいちばんです。

まずは、ものには居場所があることを教えてあげましょう。「〇〇くんのお家はここで、いつも帰ってくるでしょ。ものにもひとつずつ帰る場所があるんだよ」と必ず元の場所へ戻すことを伝えましょう。子供と一緒に、これはいちばん上の引き出し、これは箱の中へ、など片付けをすると覚えられます。片づける所をおもちゃのある部屋、寝る部屋など広げていき、いろいろな場所の片づけを教えてあげましょう。

休日
❶週目

1 形あそび

❶「四角いものは何かな？」「丸く見えるのはどれだろう」家の中で、保育園の帰り道で、スーパーでの買い物中に形を見つけてクイズを出します。

❷丸や三角と基本の形がわかってきたら、楕円形（ケーキプレート）、正三角形（おにぎり）、二等辺三角形（山、おでんのこんにゃく）、台形（コップ）などたくさんの形を見つけてみましょう。星型、三日月、ハート型などは子供たちが意識しやすい形です。

POINT

- 日常的に形を探してみよう。
- 形をテーマにした絵本を読もう。
- 発見した形を描いてみよう（ただし、見た形を描くのは非常に難しいことなので、無理にさせないように）。

チャレンジ

立体的な形を教えよう

平面だけでなく、立体的な形も教えていきましょう。おもちゃ箱は四角でなく「立方体」、ボールは丸でなく「球《きゅう》」、アイスのコーンは三角でなくて「円すい」など。三角コーンとアイスのコーンが同じ形など、仲間探しを一緒にします。大事なのは「台形」「円すい」という言葉を覚えることでなく、それがどういう形なのかを理解し、仲間を見分けられることです。

まずはここから

形を言葉にしてみよう

生活の中にいろいろな形があることを子供たちに知らせていきます。形があることを認識したことがない子には、丸、三角、四角と基本の形を教えることからスタート。「まな板は四角いね」「くまさんのぬいぐるみのお顔は丸いね」「おにぎりを三角ににぎってみるよ」など、具体的なものを指して形があることを教えていきます。

休日
❶週目

2 大小あそび

❶「バナナ、リンゴ、いちご、どれがいちばん大きいかな」「車と飛行機と自転車、いちばん小さいのは?」身の回りのさまざまなものを比較して、ものの大きさを教えましょう。

❷2つを比べて大小がわかるようになったら、3つで比較し「中くらい」を教えましょう。まず、3つものを用意して「いちばん大きい(小さい)ものはどれ?」と聞いていきます。最後に中くらいのものはこれだねと教えてあげましょう。

POINT

- 「中くらい」は理解しにくいものなので、わからなくて当たり前と考えよう。
- 大小比較がわかりやすい知育玩具も使ってみよう。

チャレンジ

異なる表現に挑戦

身長の場合は大きい＝高い、小さい＝低いなど、大小の比較には異なる表現があると教えていきます。「お父さんとあなたは、どっちが背が高いかな」「お母さんの買い物袋とあなたのリュックとどちらが重い？」「子供のお箸と大人のお箸、どちらが短い？」など身近なものを比較して、「長い・短い、高い・低い、重い・軽い」を教えていきましょう。

まずはここから

差が大きい2つの比較からスタート

ぞうとアリなど、大小の差が大きいものを2つとり上げてください。実際のものを比較して具体的に比べます。慣れてきたら、バナナとリンゴなど、大きさの差があまり大きくないものの比較へと移行します。

休日
❶週目

3 数あそび

❶お気に入りのぬいぐるみや、おもちゃを10個並べます。「ほら、○○の好きなミニカーが並んでいるよ。何台あるか数えてみよう」「いち、に、さん……」と数字を言いながら、ひとつずつ指差して数えていきます。

❷「7の車に乗りたいな。こっちまで走らせて来てくれる？」と番号を指定してみましょう。

❸「いち、に、さん……」の数え方ができるようになったら、「ひとつ、ふたつ、みっつ……」の言い方も覚えましょう。

1
カ月目

POINT

- 1～10まで数えられるようにしよう。
- 階段の昇り降りや、お風呂の中でも教えてみよう。

チャレンジ

助数詞を教えよう

「どんぐりの木が5本並んでいるね」「わんちゃんを2匹飼っているんだね」など、数を数える際に助数詞を意識して使いましょう。「鳥がいっぴきいる」と言い間違えても、そうじゃないでしょと訂正せず「あ、ほんとだね！　1羽いるね」とさらっと言い直すだけで終わりにしましょう。「あれ、違ったのかな」とお子さんが自分で気がつきます。

まずはここから

ドッツカードで量を体感

数に興味を持てるように、ドッツカードを使って遊びましょう。ドッツカードとはランダムにドットが描かれたカードのこと。1～20まで、ドットを数えずに淡々とカードをめくって見せていきます。繰り返すうちに、一瞬見ただけで数を言い当てられるようになります。

休日
❶週目

4 量あそび

❶色水を用意します。絵の具や草花で色をつけるところからすると子供たちが喜びます。「ジュースを分けようね」とコップを2つ用意して、分けるところを見せてあげましょう。片方のカップに少し多く注ぎ「半分ずつになっているかな」と聞きます。

❷「こっちが多い」「こっちのほうが少ないみたい」お子さんが気づいたら、多いほうから少ないほうへ移して、同じ量になるのを見せましょう。

POINT

- ジュースでもお茶でも量がわかればOK。
- 日常生活にある量をたくさん発見しよう。
- 慣れてきたら、1/2、1/3 など、分数も積極的にインプット！

チャレンジ

抽象概念も日常生活に取り入れていこう

1/2、1/3 などの分数は子供には理解できないと決めつけず、積極的に会話に取り入れましょう。誕生日のホールケーキを切るときやお菓子を分けるときがチャンスです。ただし、分数の意味を教えるのは控えましょう。今はインプットするだけ。分数を量の感覚と一緒に、耳に馴染ませてあげるだけで十分です。

まずはここから

同じ形のコップを使うと比べやすい

「多い」「少ない」と量を認識しやすくするポイントは、同じ形、同じ大きさのコップを使うこと。形や大きさが違うコップを使うと量を把握することが難しくなります。透明なグラスだともっとわかりやすくて Good！　実験するように環境を整えてあげてください。

休日
❷週目

1 色あそび

❶虹の色を見せましょう。絵本や教材、写真でもOK。「赤、橙、黄、緑、青、藍、紫」の7色がわかるものを用意します。「何色があるかな?」と聞いてみましょう。色と名前を一致させます。

❷外に出て、日常にある色を意識させましょう。「コスモスのピンクや白がかわいいね」「今日の空は真っ青だね」など、日常が織りなすさまざまな情景の色合いを、意識的に言葉にして伝えましょう。

1
カ月目

POINT

- 色を覚えるのに、色鉛筆などを使うのもおすすめ。
- 普段の会話に色を入れよう。

チャレンジ

名画を見れば センスが生まれる

図鑑や名画カードなどを用いて、単色でない色使いの絵を見せてあげましょう。子供用のイラストやアニメなど、目に触れるものはペタッとした原色が多い中で、濁色や明暗の違いがある色など、複雑な色に触れることは色彩のセンスをつける機会となります。美術館へ行くのが難しければ、ぜひ本などを利用して名画を一緒に見てみてください。

まずはここから

日常にある色を 意識させよう

3原色（赤・青・黄）を知るところから始めます。「○○ちゃんの好きなイチゴは真っ赤だね」「青いシャツがよく似合うね」「黄色い果物って何があるかな？」身近にある3原色を探して、色と言葉を一致させてあげましょう。同じ色で違うものを連想していくのも楽しいですね。

休日
❷週目

2 積み木

❶まずは積み木を好きなように積ませます。そのあと「バラバラにしよう」と積んだ積み木を崩させます。崩しているときには「ガラガラ～」と音をかけて楽しさを倍増させ、積み木への興味を高めましょう。「積んでは崩す」を何回も繰り返して遊びます。

❷2つから始めて、3つ、4つ、5つ……と積み上げていきます。「できたね！」「またできたね！」、ひとつ積み上がるごとに一緒に喜び、小さな「できた！」を積み上げていきましょう。

1
カ月目

POINT

- 色のついていない積み木を使おう。
- まずは2個から、少ない数でスタート。

チャレンジ

お手本通りに
つくってみよう

お手本をじっくり見せて、同じ形をつくって遊びます。同じ形がつくれるようになってきたら、お手本を見せる時間を短くしてみましょう。「20数える間に覚えてね」と声をかけると、子供たちは形をインプットしようと集中して見つめ、脳は情報処理を始めます。はじめから同じ形をつくるのは難しいですが、繰り返し遊んでいくうちにできるようになります。

まずはここから

手でつかめるように
なじませよう

0歳から3歳までは、2個の積み木をつかめるようになるところから始めましょう。上手につかんで積めるようになったら、次のステップへ進みます。

休日 ❷週目

3 比較あそび

❶ばらばらの長さの5本のひもを用意します。いちばん長いひもは取っておき、残りの4本のひもを2本ずつ「どっちが長いかな？」と、それぞれ比べます。さらにそこで選んだ2本のひもを比べて、4本の中でいちばん長いひもを見つけます。

❷比較トーナメントを勝ち抜いた1本を、いちばん最初に取り置きした最も長いひもと比べましょう。そのひもが5本の中でいちばん長いと教えてあげましょう。

1
カ月目

POINT

- 比較するのは２つが基本。３つ以上の比較は２つができてからにしよう。
- 味が濃い薄い、風が強い弱い、暑い寒い、いろいろな比較をしてみよう。

チャレンジ

主観的な比較も表現しよう

「こっちの花のほうがきれい」「昨日より暑い」「いつもより美味しい」など、美しさ、暑さ、おいしさなど主観的な比較もたくさんできるように、形容詞の表現を増やしてあげましょう。対義語も一緒に教えるとよいです。昨日と今日、１週間前、春と秋、１年前……比較する単位や範囲をしだいに広げ、全体把握の力を育てていきましょう。

まずはここから

大小あそび、数（量）あそびが入り口

大小あそびや数（量）あそびはまさに、比較あそびでもあります。大きさや数（量）がわかると、自然に大きさの比較、数（量）の比較ができるようになります。まずは、「大小あそび」「数（量）あそび」で比較に慣れていきましょう。

休日 ❷ 週目

4 順序あそび

❶好きなぬいぐるみやおもちゃを2×5の長方形に10個並べます。「ペンギンさんは上の段かな？　下の段かな？」答えられたら、続けて「じゃあ、左から何番目にいる？」と聞いていきます。両方答えられたら、最後に「そうだね！　ペンギンさんは上の段の左から3番目にいるね」と繰り返して確認してあげましょう。

❷左からの順番に慣れたら、右からを聞いていきます。難しそうな様子が見えたら無理に教えず、「数あそび」へ戻ります。

1
カ月目

POINT

- 子供が考えやすいように、そばについて言葉をかけよう。
- 「1番目、2番目」と指差しながら数えよう。
- ぬいぐるみやおもちゃ、立体物を使って始めよう。

チャレンジ

座標を知ろう

上下の2段でわかるようになったら、もう順序が実感として入っています。次のステップは平面での理解です。座標で考えられるようにしていきましょう。トランプを3×4の12枚並べて「上から3番目、右から2番目は何のカード」と聞いてみたり、3×3のマスを用意して、マスの中に子供に絵を描いてもらったものを使うと楽しく盛り上がりますよ。

まずはここから

「○番目」がわかるようになろう

前後、左右から数えるのが難しいときには、左右からだけ数えましょう。1番目から10番目まで指差しながら一緒に数えていきます。子供だけで数えられるようになったら、「4番目は何かな?」とぬいぐるみの名前を聞きます。

休日 ❸週目

1 時計あそび

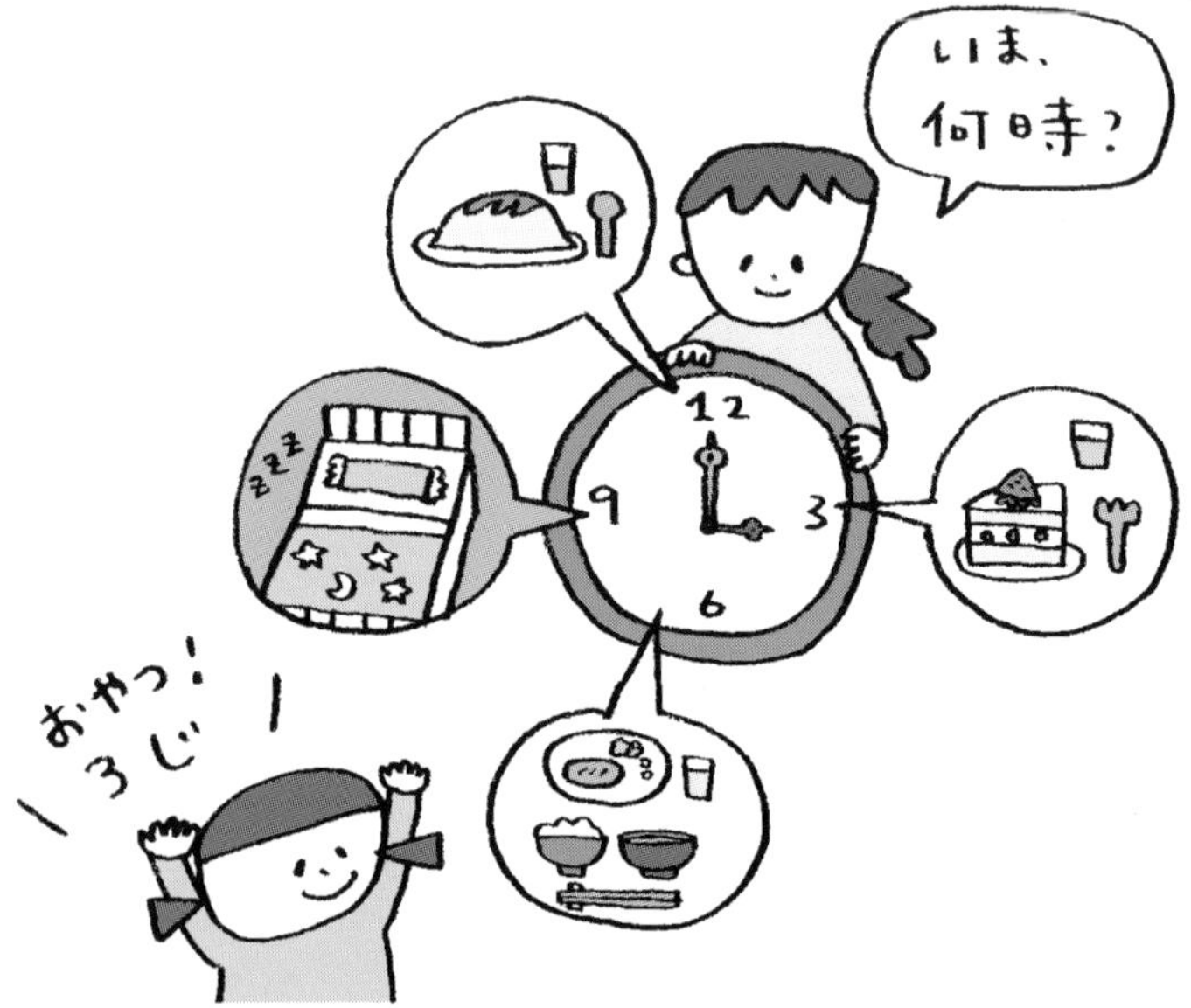

❶アナログの針で動く時計を用意します。1時、2時、3時……ちょうどの時間がわかるようにしましょう。おもちゃの時計でもOKです。ちょうどの時間のときには「いま、何時？」と聞くのを習慣にしましょう。

❷ちょうどの時間がわかるようになったら、「○時半」を読めるようにします。「7時半になったら、玄関で靴をはくよ」「8時半になったら歯をみがくよ」など、生活の中の約束ができるようになります。

1
カ月目

POINT

- 針のアナログ時計を用意しよう。
- 生活に必要な時間から覚えよう。
- 時間がテーマの絵本を読むのもおすすめ。

まずはここから

4つの時間を覚えよう

まず知ってほしいのは12時、3時、6時、9時の4つの時間。一日の予定と合わせて教えるとわかりやすいです。「12時はお昼ごはん、3時はおやつ、6時は夕ごはん、9時はお布団に入る時間だね」と、時刻を知ることは生活リズムをつけることでもあります。生活習慣に結びついていれば子供たちにもすっと入っていくでしょう。

チャレンジ

5分刻みがわかるようになろう

ちょうどと半がわかるようになったら、5分刻みで時計を読めるようにしましょう。「今6時だから、6時20分までテレビを見てもいいよ」と10分刻みの約束もできるようになります。時間を覚えることは、生活習慣を整えることと同時に、約束が守れるようになる基礎でもあるのです。

休日
❸週目

2

1分ゲーム

❶秒針のついているアナログ時計を用意します。「秒針が12になったらスタートするよ。1分たったと思ったら手をあげてね」「ようい、スタート!」子供からは時計は見えないようにして、手を挙げた瞬間の時間を記録します。

❷ストップウォッチやスマートフォンの時計をつかってみましょう。子供が自分でボタンを押せるので、よりゲーム感覚で楽しめます。

POINT

- 秒針のあるアナログ時計やストップウォッチを用意しよう。
- 1分を超えたらアウト！ルールをつくって遊ぼう。

チャレンジ

3分が体感でわかるようになろう

3分の水時計か砂時計を使いましょう。1分が体感としてわかるようになったら、時間を長くします。時間が体感としてわかるようになると、10分はこれくらい、30分はこれくらいと長い時間の感覚も持てるようになり、「待てる力」につながります。「10分待ってね」と言われたとき、10分はそんなに先じゃないことがわかる子は、待つことができるのです。

まずはここから

10秒当てゲームをしよう

1分が長く感じている様子が見えたら、10秒からスタートしましょう。10秒の感覚がついたら、20秒、30秒と長くしていきます。

休日 ❸週目

3 お買い物ごっこ

❶おもちゃのお金を用意します。おもちゃや絵本を並べてお店の準備にとりかかりましょう。お店屋さんとお客さん、どっちになるか役割を決めて、お買い物ごっこスタート!

❷「200円のものは100円玉を2枚払うんだよ」「120円だから100円が1枚、10円が2枚だよ」わかってなくていいので、説明します。ときには払った以上におつりをくれる子供店長のめちゃくちゃなところも楽しんでいきましょう。

1
カ月目

POINT

- 「高い」「安い」の金銭感覚を育てよう。
- 欲しいものを簡単に買わない辛抱強さを育てよう。

チャレンジ

紙幣の価値を理解しよう

6歳までの子供が紙幣に触れる機会はお年玉をもらったときくらい。身近でない分、価値がわかりにくいので、大きな価値があることを教えることはとても大切です。最近はキャッシュレス化で現金を目にする機会が少なくなりましたが、買い物へ連れて行った際に、「カゴいっぱいの食べ物はだいたい5千円で全部買えるんだよ」などと価値を示す機会を持ちましょう。

まずはここから

硬貨の価値を理解しよう

1円から500円まで、順に並べてみましょう。「1円玉は軽いね」「5円玉と50円玉は穴があいているね」と硬貨の特徴も一緒に確認しましょう。身近なものがどの硬貨で買えるかなども教えます。「このお菓子は10円で1個買えるよね」「100円だと10個も買えるんだよ」お子さんの好きなものがどれくらい買えるかで伝えると、価値の理解が進みます。

1
カ月目

成長チェックリスト

できるようになったことをチェックしていきましょう！
初めてできた日も、記念日として記録してみてください。

✓	できたこと	できた日
□	丸、三角、四角がわかった	/
□	大きなものと小さなものの違いがわかった	/
□	10まで数を覚えられた	/
□	水の量の差がわかるようになった	/
□	虹の色を全部言えた	/
□	積み木を5つ積み上げられた	/
□	2本のひもでどちらが長いかわかった	/
□	上と下、右と左からの順番がわかった	/
□	12時、3時、6時、9時を覚えた	/
□	1分の感覚をだいたいつかんだ	/
□	お買い物ごっこができた	/

2
カ月目

自分で考える力をつける

2 カ月目

自分で考える力をつける

あらゆることが目まぐるしく変化し、明日のこともわからない時代。何が課題なのか、**直面している問題の本質を見出す「思考力」と、解決へと導いていく「行動力」が求められています。**

与えられた問題を解決するのは受動的な思考力です。真の「思考力」とは、「何が問題なのか本質をとらえ、課題を自ら発掘できる力」のこと。子供たちには、本物の「思考力」をつけさせてあげたいですよね。2カ月目からは、思考力の土台となる**「記憶力」「イメージ力」「推理力」**を身につけていきましょう。

●記憶力

6歳までの右脳優位の時期には「無意識の記憶力」を育てることができます。

本人は覚えようとしているわけではないのに、無意識に覚えてしまう。これが右脳記憶です。無意識の記憶でストックされた情報は忘れることがないため、必要なときに取り出せるのも右脳記憶の特長。

人は全くの〝無〟の状態から思考することはできません。情報量や知識量が全てではありませんが、自分の中に多くの知識をストックでき、必要な場面に応じて的確に選び出せる右脳力は思考の幅を広げ、新しい発想をする際に多くのヒントを与えてくれるでしょう。

もうひとつ、**子供の頃に自由な時間が増えることも、記憶力のメリット**です。みんなが覚えるのに10回かかるところを2回で済むとしたら、8回分の時間が自由に使えます。特に学習の時間が増える小学生以降は、記憶力の差によって、自由時間に大きな差がつくのです。

子供にはたくさん遊んで毎日を楽しんでほしい、これもまた親の願いですよね。子供に遊ぶ時間をあげたいと思ったら、ぜひ右脳を鍛えて記憶力を良くしてあげてください。

●イメージ力

羽生結弦選手が海外の試合に向かう飛行機の間中、イヤホンで音楽を聴きながら試合のシミュレーションをしているのは、ＣＡの間では有名な話だとか。

完璧に演技し、優勝する自分を徹底的にシミュレーションして試合に臨み、その通りの結果を出す。まさにイメージ力の効用を示してくれるお手本です。

イメージがなぜ現実化するのかは、脳科学の面からも証明されています。

快楽や多幸感を得る脳のドーパミン神経はダマされやすい性質を持っているため、優勝などの嬉しい場面を具体的に何回もイメージすることで、それがイメージなのか現実に起こって感じているのか、わからなくなってしまいます。

成功体験をしたかのようなイメージをすることで、意識した方向へ自然と働くような脳になってしまうわけです。

日本では昔から豊作を願った祭りや行事が行われてきました。これは「予祝」といわれ、起こる前に祝ってしまうことで、その物事を現実にしてしまおうという発想です。

私たちはイメージ力の大切さを無意識のうちに知っていたのです。

子供の頃にイメージ力をつけることで、成功イメージがリアルに抱ける→イメージへ向かって行動する→欲しい未来を自分で迎えに行く、のサイクルを生み出せるようになるのです。

その際に大切なのは**子供のイメージを否定しないこと**。

どんなイメージも「おもしろい！」「自由で最高！」と受け止めてあげてください。

●推理力

「この先はどうなるかな？」「これは何を表しているのだろう？」

迷路や、あてっこあそびなどは子供の推理力を育てます。全体を見渡してピースがはまる位置を見つけるパズルの中で、自然と常に物事の全体をとらえる視点が培われていきます。

常に全体像を把握できるようになると、目指すゴールへの筋道を何通りも想定し、その中から最善と思うものを選択することができます。

こうした力は成長過程のあらゆる場面で役に立っていくでしょう。困難に直面した際にも、解決法を推理して自分の答えを出すことができるようになります。

平日

絵本読みのポイント❷
お話に耳を傾けさせよう

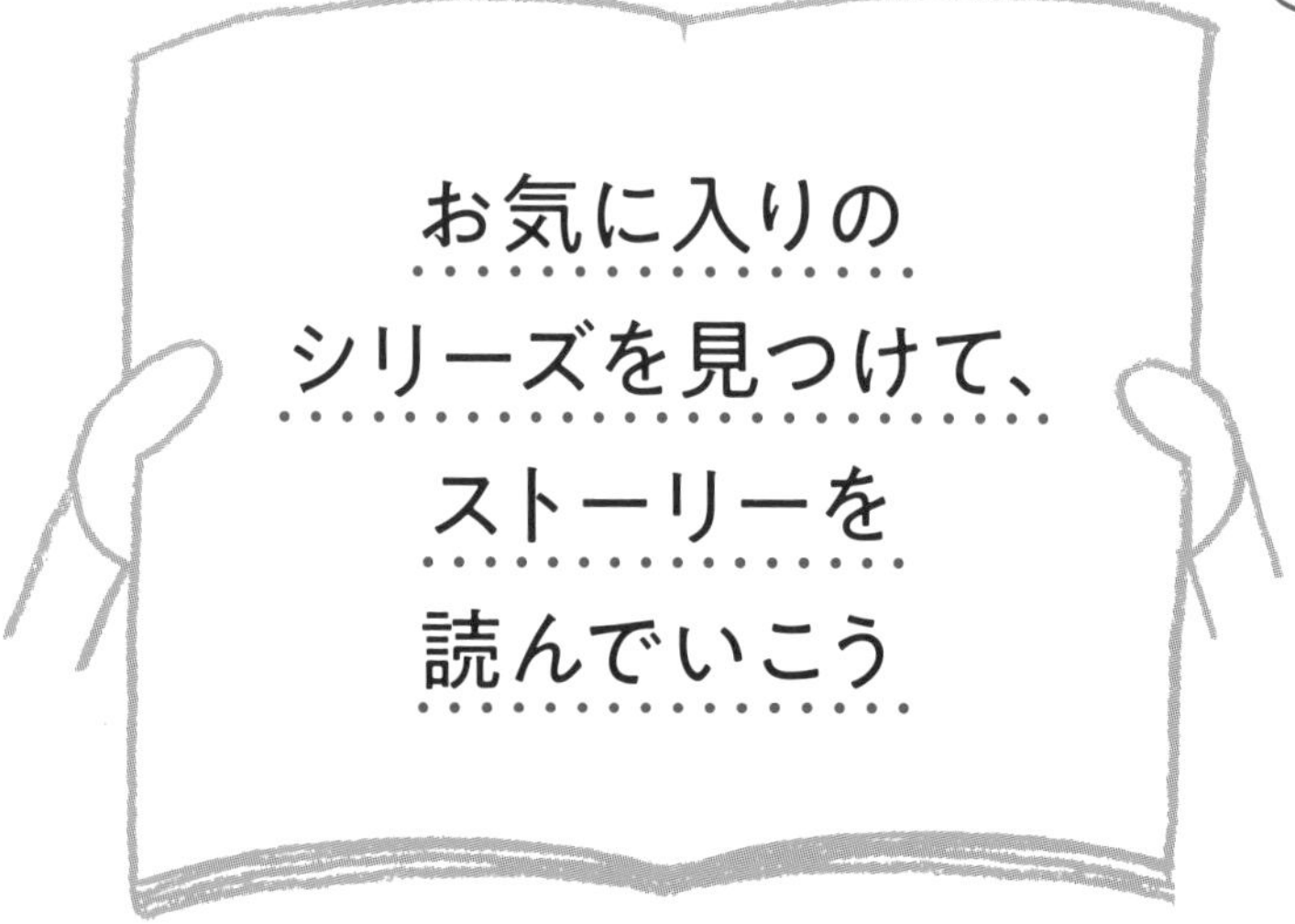
お気に入りの
シリーズを見つけて、
ストーリーを
読んでいこう

　絵本を見ることが習慣になり、「おもしろい」と感覚がついてきたら、ストーリーのある絵本に挑戦していきましょう。3～5歳にかけて子供たちはストーリーを理解できるようになります。単純で短い話から始めて、6歳くらいを目安に児童書へ移行できるよう、ストーリーのある絵本に親しんでいきましょう。

「よし、じゃあ毎日違うストーリーの話を読んであげよう」と、張り切りすぎには注意してください。6歳までの子供には、すごい

POINT

- コミカルなものから名作まで、
  いろいろ試して子供の好きなタイプを発掘！
- 図書館に行くのもおすすめ。
- お気に入りの絵本は
  購入して手元に置いてあげよう。

速さで展開するストーリーの理解、たくさんのキャラクターの把握は難しいものです。年齢に応じた単純なストーリー展開、キャラクター量の絵本を選んであげましょう。

おすすめなのはシリーズものの絵本です。〇〇ちゃんの冒険、〇〇ちゃん買い物へ行くなど、主人公や出てくる登場人物が毎回同じであることに、子供は安心感を覚えます。一度おもしろかったとわかっていると、「読んで、読んで！」と読み聞かせにも意欲的になるでしょう。お子さんの様子を見て、ぜひお気に入りのシリーズを見つけてください。

平日

お手伝いのポイント❷
ママのアシストをしてもらおう

卵の殻わりから
スタート！
「できる」を積み
重ねよう

料理は子供にとってあそびの延長、お手伝いという実感がなく楽しんでくれます。まだまだお手伝いにはならないこの時期に料理をさせるのはお母さんからすると、手間と後始末を考えると気が向かないかもしれません。

6歳までに料理を楽しいと思わせてあげられたら、すばらしい戦力としてお母さんを助けてくれる日が来ます。今は種まきだと腹をくくって、包丁の使い方、火のつけ方、お米の洗い方、ひとつずつ教えてあげましょう。「上手に切

2
カ月目

POINT

- やらせてみて、できることをさせてあげよう。
- 種まきだと思って、根気強く教えよう。
- 身長が足りないので、
椅子や踏み台などを用意しよう。

れたね」「お母さん助かるな」「○○ちゃんが手伝ってくれたからおいしいね」とたくさんほめてあげてください。エビの殻むき、さやいんげんの筋取り、そら豆を房から出す、など簡単にできることをお願いして「できる」経験を積み重ねてあげましょう。そうしておじいちゃん、おばあちゃんの前などで、どれくらい料理を手伝ってくれるのか、どんな料理に挑戦したのかなど話してあげてください。「お母さんが自分のことを自慢してくれている」と、嬉しさが倍増して、自分のことが誇らしくなります。

休日
❶週目

1 フラッシュカード

❶国旗や名画、歴史上の人物などのカードを用意します。「今から、いろいろな国の旗を見ていくよ。どんな色やマークかな」などと見るカードのジャンルを始めに伝えてスタート。1枚1秒を目安に高速でめくっていきます。カードを手づくりすることもできますが、市販の教材を購入するとスムーズに行うことができます。

POINT

- 1回でめくるカードの数は最大50枚が目安。
- 始める前にカードのジャンルを伝えて
心構えさせてあげよう。
- 好きなキャラクターのカードを1枚混ぜておき、
好奇心をかりたてよう！

チャレンジ

動詞・形容詞カードで語彙力アップ

国旗や固有名詞を覚えられるようになったら、動詞や形容詞に挑戦しましょう。一気に語彙力が増やせます。私は、年齢別の「修得語彙力」の目標を標準の4倍に設定することをおすすめしています。5歳なら1万2000語です。「そんなに無理でしょ」というのは大人の先入観。子供たちの力を見くびってはいけません。小さな時ほど、語彙を増やすチャンスです。

まずはここから

簡単な名詞カードで始めよう

動物、植物、虫、体、野菜、デザート……。たくさんのバリエーションの名詞カードを使ってフラッシュのスピードに慣れていきましょう。フラッシュカードの目的は知識を与えることではなく、右脳の力を開くこと。1枚1秒以下という高速のフラッシュに、低速脳の左脳は対応できず、超高速脳の右脳が待ってましたとばかりに働き出します。

休日
❶週目

2 トランプ

❶ 定番中の定番「神経衰弱」がおすすめ。カードを裏にして、バラバラに広げ、2枚選んでめくります。2枚が同じ数字であれば、もう一度めくることができます。2枚が異なる数の場合、カードを元通りに伏せて次の人の番。場所と数字を記憶できるか、子供との真剣勝負！

❷ 神経衰弱に慣れてきたら、七並べ、ババ抜きなど、いろいろな遊び方をしてみましょう。

2
カ月目

POINT

- Aは「エース」、Jは「ジャック」など、トランプ特有の呼び方を知ろう。
- 赤は♡と◇、黒は♧と♤と、シンボルを覚えよう。
- 数字を意識するから、遊ぶだけで数に強くなれる！

チャレンジ

頭脳ゲームはひとりでできる

「ソリティア」「ピラミッド」「カップル」などひとりで遊べるトランプのルールを覚えていきましょう。ネットで調べると動画などもアップされているのでチェックしてみてください。ひとりでできるトランプあそびは、判断力、集中力、数字対応力が自然と身についていきます。

まずはここから

1/2神経衰弱からスタート

52枚のカードを使う神経衰弱が難しいときには、ハートとスペードだけなど半分の枚数の1/2神経衰弱をしましょう。ルールがわかりやすくなり、覚える量が少なく「できる」という感覚を積み重ねられます。子供と同じ目線で遊ぶことは意外に難しいもの。手加減なし、親も真剣勝負できるトランプは子育てにぜひ復活してほしいあそびです。

休日 ❶週目

3

暗唱

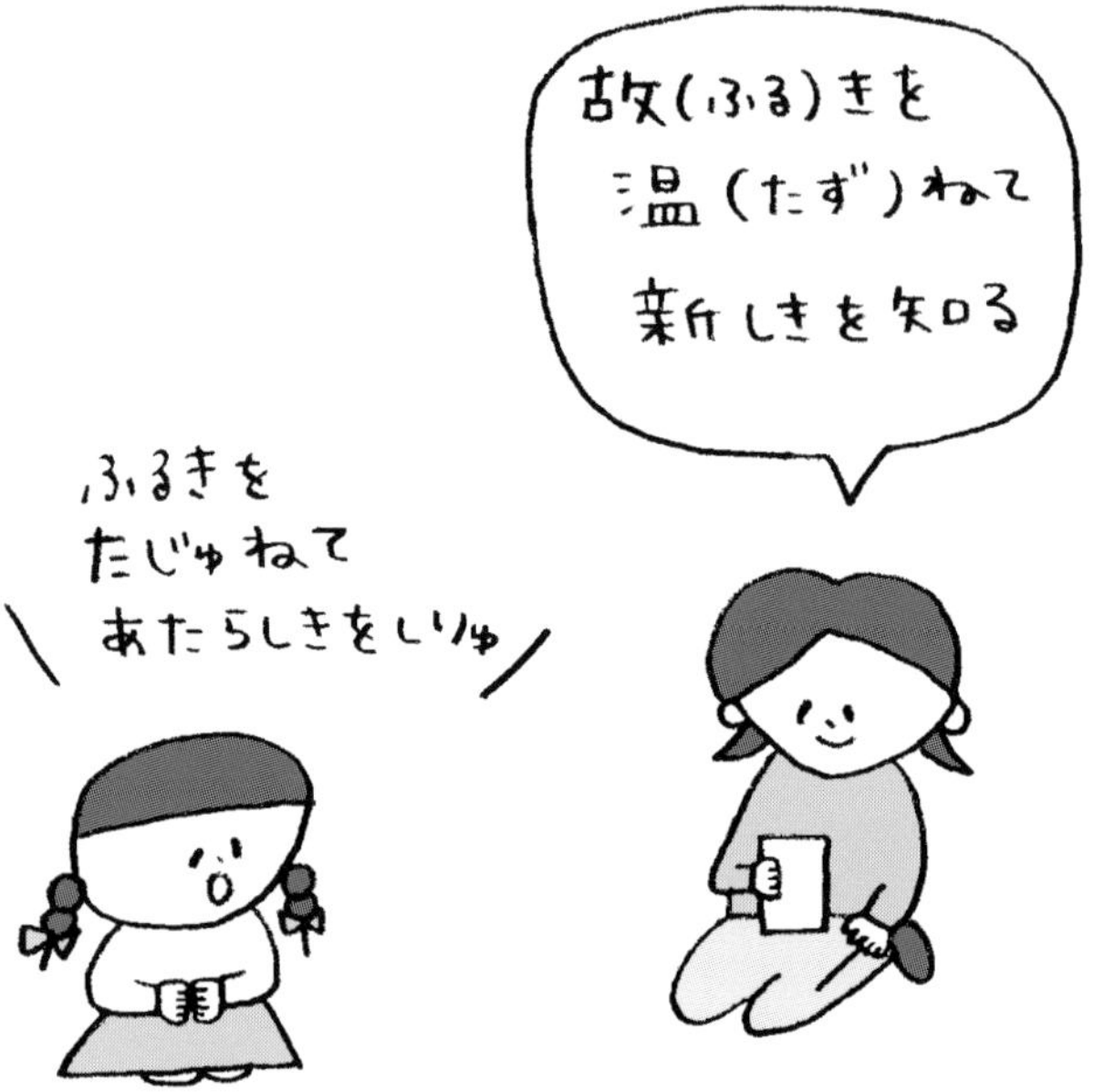
故(ふる)きを
温(たず)ねて
新しきを知る
ふるきを
たじゅねて
あたらしきをしりゅ

❶ 論語を用意して、「故《ふる》きを温《たず》ねて新しきを知る」など、まずはお母さん、お父さんが読んであげます。CDなど音の教材を使ってもいいですね。繰り返し聞かせて、フレーズを口ずさむようになったら、暗唱にトライ。「学びて時に之を習う」「朋有り、遠方より来る」など、スラスラ出てきたら、思いっきりほめてあげましょう。

POINT

- 意味は理解させなくて OK。
- つまったらもう一度、スラスラ言えるように
覚えよう。
- 「言ってごらん」は NG。
無理なアウトプットは求めない。

チャレンジ

2分間暗唱に挑戦しよう

「雨ニモマケズ」「奥の細道」「平家物語」などの冒頭を覚えさせましょう。「えーっとね……」と思い出すのではなくスラスラ言える段階を〝完全記憶〟と呼びます。右脳が優位なこの時期に、完全記憶を鍛えてあげてください。1000年以上前から多くの人に影響をもたらしてきた古典の暗唱は、子供たちの一生ものの記憶となります。

まずはここから

俳句・ことわざを使ってみよう

俳句やことわざは音のリズムが音楽のようで、優れた聴覚機能を持つ子供には、非常にとらえやすいものです。耳からの記憶力は小さいときほど優れています。「しずけさやいわにしみいるせみのこえ」なんて、小さなお子さんの口から出てきたら、そのギャップに親御さんも楽しくなること間違いなしです。小林一茶、松尾芭蕉、与謝蕪村の俳句がおすすめです。

休日
❷週目

1 ジェスチャーあそび

❶「何を食べているところでしょう？」「何のスポーツをしているでしょう？」と、お母さんお父さんのジェスチャーを当ててもらいます。「食べ物」「スポーツ」など、ヒントを入れながら聞いてあげましょう。図鑑をパッと広げて、「どれをマネしているでしょう？」と遊んでもいいですね。
❷慣れてきたらヒントはなし。「何をしているところでしょう？」とだけ言って、ジェスチャーを始めましょう。

POINT

- 擬音語・擬態語など、音のヒントはなし。
- 「動物」「乗り物」などカテゴリーのヒントをあげるのはあり。

チャレンジ

子供にジェスチャーさせてみよう

親の表現がわかるようになってきたら、子供がジェスチャーする番です。思いのまま自分で表現する機会をつくりましょう。ジェスチャーゲームをすることで、言葉なしで表現するにはどんな動きをしたらいいか、と身の回りの物事への意識が高まります。草木の動きや構造を見つめ直したり、当たり前にしていた自分の動作に意識を向けたり、観察眼が育ちます。

まずはここから

子供と一緒に、表現を生み出そう

「イルカってどうやって動くかな」「ごはんはどうやって食べているかな」「車はどうやって走っているかな」など、お子さんと一緒になって、動物、食べ物、乗り物、情景の表現を考えてみましょう。独創的な表現を発見することができますよ。

2 ままごと

❶お料理をする場面設定で、「コックさんとお客さん」「お母さんと子供」など役割を決めて開始！　おままごとセットのようなおもちゃがなくても大丈夫。「オムライスの卵はハンカチを使おう」「サラダは緑のブロックで」と、他のものを使って、想像の世界を広げましょう。

❷エプロンをして手を洗う、食べるときには「あちちっ」と表情豊かに、大人はよりリアルに表現して、子供のイマジネーションを広げてあげましょう。

2
カ月目

POINT

- 平日のお手伝いも積極的にお願いしよう。
- 熱い、冷たいなど、イマジネーションを広げて表現しよう。

チャレンジ

味つけはどの順番で？ 超リアルを追求する！

料理のメニューを決めたり、必要な材料を買いに行ったり、よりリアルなシチュエーションを考えましょう。ボウルやヘラなど実際の調理器具も使い、「さしすせそ」の順番で味をつける、具材をお鍋に入れる順番など、細かいところも表現していきます。ごはんをよそう、お味噌汁をつぐ、そんな表現がお子さんから自然と出てきたらすばらしいですね。

まずはここから

パントマイムで楽しむ

おもちゃを使わずに「とんとん、にんじん切ってるよ」「ジュージューお肉を焼いています」「もぐもぐ。とってもおいしいカレーができたね」など、擬音語・擬態語をたくさん使って表現しましょう。

休日
❷週目

3

おりがみ

❶紙ひこうきやだまし船など、つくった後にそれを使って遊べるものを折ってみましょう。一度、お母さん、お父さんが折り、折り線をつけた紙を使うとつくりやすいでしょう。目的は「自分でつくれる」ではなく、「できあがると嬉しい」です。たくさん手伝ってあげてください。

❷きつね、ねこなど簡単な動物を折って、画用紙に貼ってまわりに絵を描くなど、折り紙をメインにした作品をつくるのもいいですね。

POINT

- 幼児向けの折り紙の本があると便利。
- キラキラ、リバーシブル、
  さまざまな折り紙で楽しもう。
- 角を合わせることが、きちんとできなくてもOK。

チャレンジ

難しい折り紙に挑戦！

カエルや鶴など複雑なものに挑戦します。お母さん、お父さんがひと手順ずつお手本を見せながら、折っていきましょう。子供の知っている動物にすると、より楽しめますよ。

まずはここから

折り方の基本を知ろう

半分に折る、４つ折りなど、まずは折るという動作を教えてあげましょう。小さな子供は角を合わせて折ることがまだ難しいです。お手本の動作を見せてあげるだけでは、「できない」と感じてやる気がなくなってしまうことも。一度折って、折り線がついたもので始めて、「できた」という感覚を持たせてあげましょう。

4 あやとり

❶用意するひもは、150㎝くらいが良いです。

「ほうき」「かわ」「つりばし」など、あやとりといったらこれ！という基本の形に挑戦しましょう。お母さん、お父さんが先に見せて、ひと行程ごと、一緒に進めましょう。お子さんとする前に予習が必要なあそびです。お母さんお父さんも童心に帰って、あやとりの練習をしてくださいね。

2
カ月目

POINT

- お子さんの手の大きさに合ったひもの長さにしよう。
- 成功したら記念撮影して形に残してあげよう。
- ふたりあやとりも覚えて、親子で楽しもう。

チャレンジ

複雑なあやとりに挑戦

10段はしご、とんぼ、クモの巣など難しいあやとりに挑戦してみましょう。親がやり方を教えられるのがいちばんですが、複雑なものは大人でも難しい場合があります。最近ではあやとりの紹介動画もあるので、字が読めないお子さんでも自分で新しい技を開拓することができます。指先を動かすあやとりは脳もフル回転、集中力が高まります。

まずはここから

基本の指の動きを知ろう

あやとりの説明を理解するのに、まずは指の名称と基本のひものかまえを覚えましょう。親指、人差し指、中指、薬指、小指。手の甲、手の平、手首も覚えましょう。「基本のかまえ」ができるように指の動きを覚えたら、遊ぶ準備は完璧です。

休日
❷週目

5 残像あそび

❶「目を閉じて3回、吸って吐いて呼吸してみようね」と、深呼吸を3回繰り返し、心を落ち着かせます。

❷目を開かせ、オレンジに青い丸が描かれたカードを見せます。「青い丸をじっと見てね」と声をかけ、瞬きせずに、30秒見つめさせます。

❸もう一度、目を閉じさせて、「何が見えるかな？」と聞きましょう。はじめは補色のオレンジの丸が見えますが、慣れてくると青い丸が見えるようになります。

2
カ月目

POINT

- 深呼吸は親が息をそろえて一緒にしてあげよう。
- 青い丸が見えるようになるまで、何回も繰り返して遊ぼう。
- 「何も見えない」の返答にがっかりしなくて大丈夫。

チャレンジ

青い鳥が飛ぶ?! 残像を自由自在に変形させよう

長く残像が見えるようになったら、まぶたの後ろに残った青い丸を自分の好きな色・形に自由に変えていきます。「青い丸が違う形になっていくよ。何が見えるかな？」と聞いてあげましょう。残像が残っている時間の脳波はα波という非常にリラックスした状態。力の抜けた状態で一点を見つめている間は、高い集中力が発揮されているのです。

まずはここから

補色を見ることに慣れよう

はじめのうちは、青ではなく補色のオレンジの残像が見えるでしょう。正色の青がなかなか見えるようにならないことも多くありますが、焦らなくても大丈夫。まずは残像が残る感覚をつかんでいきましょう。オレンジの残像がどれくらい長く残って見えるか、時間を計り、だんだん残る時間が長くなるのを一緒に喜びましょう。

休日
❸週目

1 ピクチャーパズル

❶10～15ピース程度のパズルを用意します。「4つの隅のピースからはめるんだよ」など、大人のやり方を教えるのはNGです。真ん中からうめるなど、子供の感性のままにさせてあげましょう。

❷基本的に口出しはNG。ただし、手が止まって何もできない様子が見えたら「この3つの中のどれかをはめてみて」と正解を含むピースを2つ～3つ選んでヒントをあげましょう。

POINT

- 少ないピースのものから始めよう。
- 好きなキャラクターのパズルでやる気アップ。
- 「できた！」を一緒に喜んで、
達成感を増幅させよう。

まずはここから

2ピースから始めよう

まずは2ピースのパズルからスタートします。子供向けのパズルで少ないピースのパズルもあるので、ぜひ活用してください。もしくは最後の1ピースだけはめればいい状態にしておいて、ひとつをはめさせるところから始めるのもいいですね。パズルをつかむことや向きを変えることが難しいお子さんには、つまみつきの型はめパズルを使うのもおすすめです。

チャレンジ

30〜45ピースに挑戦しよう

パズルに慣れてきたら、30ピース以上のものに挑戦してみましょう。親からのヒントもなし、最後までひとりで完成させます。パズルあそびができるようになると、ひとり時間も上手に使えるようになります。

休日
❸週目

2 迷路

❶市販のプリントや教材を使用します。「入り口と出口はどこかな？」まず、入り口と出口がどこにあるのか見つけましょう。
❷「出口から入り口に行くにはどこを通るか探してみよう」逆方向をたどって道を見つけていきます。えんぴつやペンを使わずに指でたどり、何回でもやり直していいと伝えましょう。
❸入り口から10㎝、出口から10㎝はペンで書いておいてあげて、真ん中の部分だけを見つけて完成させるのもおすすめの方法です。

POINT

- 年齢に応じたプリントや教材を使うと便利。
- 頭だけで考えず、手を動かして道を探そう。
- えんぴつで書くときには、
道の真ん中がなぞれるようにしよう。

チャレンジ

長くて複雑な迷路に挑戦

出口までの道のりが長く、行き止まりなども多い複雑な迷路に挑戦しましょう。道の幅が狭くなりますが、線を引くときには、道の真ん中を通る線が引けるように意識させてあげます。線がきれいに引けるようになると、小さな文字も書けるようになります。だんだんと迷路の全体像を把握して、目で先の道を追いながら線が引けるようになっていきます。

まずはここから

指でなぞろう

いきなりえんぴつやペンでなぞるのではなく、指でなぞって出口までの道を探していきます。迷路は線を引く練習にもなります。「直線を引く」「曲線を引く」など2点をつなぐところから始める迷路から取り組むのもおすすめです。

3 間違い探し

❶かわいい絵から、キャラクターものまで、多くの間違い探し本から、年齢に応じたものを用意しましょう。レストランにあるもので取り組むのもOKです。

❷間違いの数がわかっているものを使いましょう。間違いが3つくらいのものから始めるのがおすすめです。「間違いが3つあるんだって、見つけたらお母さんに教えて！」お子さんに間違い探しの名人になってもらいましょう。

2
カ月目

POINT

- 好きな絵や写真の間違い探し本だとやる気アップ。
- そばで見ながらヒントをあげよう。

チャレンジ

ノーヒントで全部見つけられるかに挑戦

子供たちが見つけやすいのは「ない・ある」の違いです。対して気づきにくいのが、絵が同じなのに「高さ・幅」が違ったり、色の配置が逆になったり、横しまが縦しまになるなどのちょっとの違いです。チャレンジではヒント一切なし、間違いの個数も教えずに全部見つけられるかに挑戦です。

まずはここから

全部見つけられなくていい

ひとつ見つけられたら「よく見つけられたね！」と大げさなくらいほめてあげましょう。「もうひとつあるよ」「この辺りにあるよ」部分的に見せて、探しやすいように誘導してあげましょう。注意力、観察力が養われていきます。

休日
❸週目

4 あてっこあそび

❶トランプを用意します。使うのは5枚だけで、4枚のスペードのカードと、1枚のハートのカードを使って遊びます。カードをよく切って伏せ、「ハートのカードはどれだと思う？」と問いかけます。

❷ハートのカードを当てようと、子供の脳はフル稼働。このとき、見えないものや聞こえないものを「感じる力」＝超感覚的知覚が育ちます。

2
カ月目

POINT

- 「できなくて当たり前！
くやしがらなくていいよ」と声をかけよう。
- 5回に1回は当てられる！
人間本来の感性を磨いていこう。
- みんなですると、場の効果が働いて、
当たる確率がアップ！

チャレンジ

A《エース》を探せ！

ハート（どのマークでもOK）のカード13枚を使います。カードをよく切って伏せ、Aのカードを当てていきます。はじめはなかなか当てられませんが、繰り返し遊ぶことで、ラジオの周波数がピタッと合うように、驚くほどの的中率で当たるようになっていきます。なぜわかるのか、本人にも理由はありません。感じ取っているのです。

まずはここから

赤と出るか
黒と出るか

各マーク2枚ずつ、計8枚のカードを使います。カードをよく切って伏せ、それぞれ、赤いトランプか、黒いトランプかを当てていきます。当たった数を記録して、正解率が増えていくのを実感しましょう。繰り返しているうちに「感じる力」が育ち、人の心を深く理解したり、ものごとの本質を知ることができるようになります。

2
カ月目

成長チェックリスト

できるようになったことをチェックしていきましょう！
初めてできた日も、記念日として記録してみてください。

✓	できたこと	できた日
□	フラッシュカードで10枚覚えられた	／
□	お母さん、お父さんと一緒に神経衰弱ができた	／
□	論語の一節を暗唱できた	／
□	ジェスチャーあそびで正解した	／
□	一緒にままごとができた	／
□	おりがみで一緒に紙ひこうきがつくれた	／
□	あやとりで一緒にほうきがつくれた	／
□	オレンジに青い丸が描かれたカードを見て、残像で青い丸が見えた	／
□	パズルの最後の3ピースをはめられた	／
□	ヒントを出しながら迷路でゴールできた	／
□	間違い探しで3つ正解を見つけられた	／
□	あてっこあそびで、目当てのカードを当てられた	／

3
カ月目

伝える力を磨く

3 カ月目

伝える力を磨く

ＳＮＳでのコミュニケーション、リモートやテレワークなど、直接対面しないコミュニケーションが日常となってきた現代。オンライン上のみのコミュニケーションで、意図せぬ誤解を生み、対人関係の難しさを感じたこともあるのではないでしょうか。

さまざまなコミュニケーションの形が生まれている今、伝える力を磨くことがますます必要となってきます。３カ月目では「表現力」「語彙力」「作文力」「コミュニケーション力」にフォーカスして、子供たちの伝える力を磨いていきます。

●表現力

表現力とは、言語に限ったことではありません。

ねんどあそびや砂あそび、お絵描きなどの創作も、自分を表す表現そのもの。

「こうしなければならない」と枠を設けず、どんな表現もその子らしさだと受け止めてあげましょう。「自由に自分を表現していい」という安心感を得ることで、躊躇せず自分を表現できるようになっていきます。

●語彙力

「シャイで自分の気持ちを言えない子」と思っていたのが、語彙力を増やしてあげたらおしゃべりな子に大変身！　言葉が少ないのは、性格ではなく、実は語彙力不足なだけだったというお子さんもたくさんいるのです。

自分はどう感じたのか、何を考えているのか、思考は語彙力があってこそ深まります。「自分の思考」を伝わりやすい言葉で表現することもまた、語彙力が可能にしてくれるのです。

そして、自分の思いを伝えられることは「理解してくれる人が増える」ということ。理解してくれる人の中で過ごせる人生は安心と幸福に満ちたものになること間違いありません。その鍵は語彙力にあるのです。

●作文力

絵本の読み聞かせなど、「読む」という行為はインプットです。

インプット作業によって子供たちの想像力は広がり、未知なる世界も体験したかのように認識させる力が養われます。

対して、「書く」ことはアウトプット。言語化することで、思考はより正確になります。読む（インプット）と書く（アウトプット）は共に身につけると、相乗効果でそれぞれの能力がさらに磨かれます。絵本読みで養われた表現や感情を、書くことで確実に自分のものとして定着させましょう。

物事がわかる、考えられるのは、体験を言葉にして表現できたときなのです。学力の基礎は作文力にあり。私は2歳からの（口頭）作文を推奨しています。未就学児に作文なんて早いのでは？　なんて固定観念は捨てて、子供の持つ無限大の能力を育ててあげましょう。

●コミュニケーション力

自分の気持ちを的確な言葉で表現できることはもちろん、伝える力には、相手の気持ちを推し量る力も必要になってきます。

その力を培うのに最適なのは、やはりあそびの場。たくさんのあそびの中で、自分の、そして相手の中にあるさまざまな感情に触れ、心の経験を積むことで、コミュニケーション力は各段に伸びていきます。相手の心中を想像し、寄り添うコミュニケーションができるようになっていくのです。

この後紹介するあいさつごっこや、シチュエーションごっこなど、いろいろな場面を想定して、楽しく遊びながらコミュニケーションの土台を築いていきましょう。

「自分がこうしたら、相手はどう思うだろう？」

相手に思いを寄せて、自分のふるまいを考えられる、そんな子になっていきます。

平日

絵本読みのポイント❸

読み聞かせを続け「本好き」に育てよう

　年齢が上がってきて、本のストーリーにも慣れてきたら「伝記」を読むことをおすすめしています。まだ早いと思うのは子供の能力を見くびっている大人の考え。ストーリーまでわかる段階にくれば、小学生の内容かなと思う本でも、聞くことができるのです。読み聞かせだと2年上の内容も理解できるといわれています。

　これまで単純なストーリーが中心で「楽しい」を感じるだけだったところから、「かわいそう」「悲しい」「これは自分もしちゃいけ

POINT

- キャラクターが〝やらかす〟本も読もう。
- 視野が広がる背伸びの本を１～２冊、
  親が選んで買ってあげよう。
- 美術館、博物館、あちこち連れ出すのは、
  本で経験を積んでからでいい。

ないな」など、「心」や「人間力」を感じられる本に移行していきます。絵本の中のキャラクターが、いたずらやお母さんへの悪態など、やらかしてしまう姿を見て「これはマズイんだ」「自分もしてたかも……」と親に注意されなくても、自ら気づけるようになります。

本を通して学ぶメリットは、本人が叱られないことです。叱られたり、失敗して涙しているのは本の中のキャラクターだから、自分の自尊心は保たれつつ、疑似体験によってキャラクターの思いが自分のものになるのです。

平日

お手伝いのポイント❸
保育園の身支度を自分でさせよう

自分のことを自分でしてくれる、これは働くお母さんにとって何よりのお手伝いです。年齢が上がるにつれて、自分でやりたいという気持ちが強くなります。親はつい口も手も出してしまいそうになりますが、ここはぐっとこらえ、時間がかかってもシャツの裾が出ていても何も言わず、何も手伝わず、「できた」と本人が言うまで待ちましょう。「パジャマから着替えるのはイヤ」「服を着るのもイヤ」と途方にくれていた毎日の着替えを自分でしてくれるな

3
カ月目

POINT

- 今日着る服を自分で決めよう。
- ひとりで最後まで着替えるまで、
手と口を出さずにじっと待とう。
- 保育園の持ち物点検もさせてみよう。

んて、涙腺が緩んでしまうほどの成長ですね。

まだひとりで服が着られない年齢のときには、明日着る服を選んで用意するところまでをお手伝いにします。グズグズと機嫌の悪い日、甘えたい日にはひとりでお着替えはお休みして、「今日はお母さん手伝うね～」と着替えを親子の触れ合いの時間にしましょう。

「今日手伝ったら、明日からはもうひとりでできないのでは？」という心配はご無用です。実はその逆で、今日の気持ちをお母さんが満たしてくれることで、明日からまたひとりでがんばることができるのです。

休日 ❶週目

1 ねんどあそび

❶お母さん、お父さんが見本をつくってあげます。バナナ、にんじん、トマトなどの食べ物や、お花など、お子さんが見たことのあるものを題材に、つくっているところも見せましょう。「何をつくっていると思う？」つくる過程をクイズにすると、よりワクワクします。

❷カラフルなねんどの場合、使うねんどはその中の1～3色にします。「2つの色を混ぜると何色になるかな？」色の変化も楽しみましょう。

POINT

- 作ったものにタイトル、日付、子供の名前を入れて「作品」にしよう。
- ねんどより色に興味がいかないよう、色の少ないねんどを用意しよう。

チャレンジ

オリジナル作品をつくってみよう

お手本がつくれたら、今度は自分で好きなものをつくってみます。好きなものをつくってもいいよと言われても、何をつくったらいいのか、手が止まってしまうこともあるので、「動物」「乗り物」「食べ物」などカテゴリーを決めてあげるのもいいですね。やる気が途切れないように、難しければヒントをあげるなど、さじ加減をしながら挑戦してみましょう。

まずはここから

好きな形をつくってみよう

お母さん、お父さんのつくったお手本を真似するのが難しければ、まずは「のばす」「まるめる」など基本的なねんどの使い方から始めましょう。まんまるお月さま、三角おにぎり、プレゼントの箱など、子供にも身近なものを題材に、球体、三角、四角など、単純な形をつくってみます。

休日
❶週目

2 砂あそび

❶砂を積み上げて、大きな山をつくりましょう。できたら、「パパはこっちから掘るよ」「○○くんはそっちから掘ってね」向き合って穴を掘っていきます。「開通！」お父さんの手と触れたときには、くすぐったくて、楽しくて、笑顔でいっぱいになります。

POINT

● くずれても、再チャレンジ。
「やり直しができる」と教えよう。
● サラサラしすぎる砂には、
じょうろでお水を含ませよう。

チャレンジ

水も使って遊んでみよう

砂あそびに慣れてきたら、バケツやじょうろを用意して、川や池をつくってみましょう。上流から下流に水が流れていくように高低差をつけたり、お城の周りをお堀のように水で囲ったり。広範囲の設計を考える力、表現力が育ちます。お子さんは水道と砂場をせっせと何往復もして遊ぶこと間違いなし。着替えも用意して、思いっきり遊ばせてあげてください。

まずはここから

どろだんごをつくってみよう

はじめは砂の扱い方から知っていきましょう。どろだんごづくりは、世代を問わず誰もが一度はしたことのある不朽のあそびです。どれだけ固くできるか、つやつやにできるか、ぜひお父さん、お母さんも童心に帰って、お手本を見せながら楽しんでつくってください。お子さんとも勝負です。

休日 ❶週目

3 お絵描き

❶まずは家族を描いてみましょう。「〇〇ちゃんの家族は誰がいるかな?」と一緒に確認していきます。「お父さん、お母さん、おじいちゃん、おばあちゃん……」。一緒に住んでいるワンちゃんやねこちゃんも家族だよと話してあげるのもいいですね。

❷絵が描けたら、「誰を描いたの?」「どんなときの顔を描いたのかな?」と聞いて、絵にタイトルを付けます。日付も入れ、「作品」にして、お部屋に飾ってあげましょう。

POINT

- 色は少なめで6色ほど。柔らかくて描きやすいクーピーがおすすめ。
- 強く描くと濃い、弱く描くと薄いを知ろう。
- 描けるものから描いて「できる」を積み上げよう。

チャレンジ

絵日記を描かせてみよう

絵日記は難しいチャレンジです。5、6歳になると幼稚園や保育園でも、運動会や学芸会などイベントごとに思い出を絵にする機会があり、お子さんも慣れてきています。ぜひおうちでも、お出かけしたときのこと、お母さんとお料理したこと、公園で見た昆虫など、日常の1コマを絵にしてみましょう。

まずはここから

単純な形を描くことからスタート

絵を描くということがわからないうちは、形を描くことから始めましょう。丸、三角、四角の線が描けるだけでOK。「うちの子、絵心がないな」なんて思わなくて大丈夫。マークを描くだけでもいいのです。何をどう描かせていいかわからないという方は、絵の描き方の本がいろいろ出ているので、参考にしてください。

休日 ❷週目

1 しりとり

❶昔からある「ん」がついたら終わりの基本のしりとりをします。しりとりのはじまりは、お子さんの身近なもの、保育園の先生の名前や、お友達の名前などにすると、「なにそれ～」と一気に盛り上がります。はじめにぐっとお子さんの気持ちをつかんで、楽しいかけ合いをスタートさせましょう。

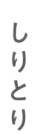

POINT

- 子供がいつの間にか覚えていた言葉を発見しよう。
- 道具いらずだから、移動中などいつでもどこでもやってみよう。
- 「アニメのキャラクターを言ってもOK」、子供が喜ぶルールを使おう。

チャレンジ

制限つきのしりとりにする

「乗り物」「植物」などジャンルを指定する、3文字以上の言葉しかダメなど、使える言葉の範囲を制限すると、ぐっと難しいしりとりになります。親の語彙力がそのまま子供の語彙力になるので、親御さんもぜひ遊ぶために語彙力を高めてくださいね。言葉を覚えたいというお子さんに、辞書ひきの練習をさせてあげるいい機会にもなります。

まずはここから

同じ言葉もアリ。ルールを甘くしよう

小さいうちは語彙力がないので、同じ言葉を何回言ってもいいようにルールを甘く設定します。「あ」のつく言葉は「アリ」しか出てこないなど、親にとっても気づきがあります。絵本や図鑑を一緒に広げて「『あ』がつくのは『アメンボ』『秋』『雨』『アイスクリーム』もあるよ」と意識して語彙力を増やしてあげることができるでしょう。

2 連想ゲーム

❶「赤いといったら、トンボ」「トンボといったら、羽」など、連想して言葉をつないでいきます。いきなり始めずに、「野菜を10個、言ってみよう」など、ウォーミングアップをしてあげましょう。ジャンルと個数を指定して、スムーズな引き出しをつくってあげます。

❷連想になってないかもと思ったら「どうしてその言葉が出てきたのかな？」と聞いてあげます。思いがけない子供の思考に感動することもありますよ。

POINT

- ジャンルと個数を指定してあげよう。
- 「どうしてそう連想したの？」
理由を聞いてみよう。

チャレンジ

not 連想ゲームをしてみる

難易度が高いのは、関連しないものを言う遊び方です。「甘いといえば、グローブ」「グローブといったら、まな板」「まな板といったら……」と全く関係ないものをつないでいきます。関連したものを連想しがちな脳を、切り替えて発想できるか、瞬発力が必要になってきます。

まずはここから

図鑑をヒントに連想しよう

こうしたあそびは、知識量がものをいうところがあります。まだまだ知らないことが多いうちは覚えるところから始めましょう。「魚図鑑」を広げて、親子で交互に好きな魚を指さして言っていくのも楽しい時間です。「魚は川にもいるよね」と、川が描かれた絵本を広げて、同じように名前をあげていくなど、関連づけて遊ぶのもよいでしょう。

休日
❷週目

3 作文あそび

❶4W（いつ、どこで、誰が、何を）と1H（どうやって）を使って遊びます。「いつ」（きのう、この前）「どこで」（家で、保育園で）など4W1Hと動詞（過去形）、それぞれ3枚ずつ異なる内容を書いた紙をつくりましょう。紙は中身が見えないように折りたたみます。

❷親子で4W1Hと動詞それぞれから1枚ずつ選びます。まずはお子さんの選んだ紙から、「いつ、どこで、誰が、何を、どうやって、〇〇した」の順番で読み上げましょう。

3
カ月目

POINT

- 「頭の中を言葉にして、お父さん、お母さんに教えてね」と伝えよう。
- 何を書けばいいかわからない子には、取材をして引き出してあげよう。
- しっかりほめて、「もっと伝えたい」につなげてあげよう。

チャレンジ

3行作文に挑戦しよう

言葉に慣れてきたら、3行の作文づくりに挑戦します。テーマは「もしも私がカブトムシだったら」などファンタジックなものにして、想像力を高める練習もしていきましょう。いろいろな「もしも○○だったら」で文章をつくります。日常から離れることが創造性、想像性を高める秘訣。文字はまだ書けなくて大丈夫。口頭で3センテンスつくって遊びましょう。

まずはここから

カラオケカスゾで表現豊かに

カラ（色）オ（音､聞いたこと）ケ（形状）カ（感じたこと）ス（数量）ゾ（想像したこと）を聞いてみます。すると、「ピンクの門の遊園地に入ったら、ゴーっと音がした。ジェットコースターだった。僕は乗りたいと思ったけど、5歳の子は乗れないよと係の人に言われた。9歳になったら絶対ジェットコースターに乗るぞと思った」など、文章が激変します。

休日
❸週目

1 あいさつごっこ

❶「お名前は？」「いくつ？」などと聞かれたときに、恥ずかしがらずに答えられるように、その場面を想像して、あいさつごっこをします。

❷「電車の中でおとなりに座った人に聞かれたとき」「スーパーのレジのお姉さんに聞かれたとき」などいろいろなシチュエーションで寸劇をして、何回も聞いてあげましょう。役になりきって演じるとお子さんもより楽しめますよ。

3
カ月目

POINT

- 迷子になったときに、
  自分のことが伝えられるようになろう。
- 親が積極的にあいさつをしよう。
- 間違った言葉は指摘せずに、
  さらっと言い直すだけにする。

チャレンジ

正しい敬語を教えていこう

　自分のことが表現できるようになったら、「住所」「親の携帯番号」「最寄り駅」「通っている保育園の名前」など、迷子になったときに自分を守れる表現を身につけていきましょう。返事は「うん」でなく、「はい」。「お母さん」でなく、「母」。敬語で大人と会話できるように、正しい敬語の表現を教えましょう。

まずはここから

家族にあいさつしてみよう

「おはよう」「ありがとう」「いただきます」……。家の中のあいさつがきちんと言えるようにしましょう。朝起きたとき、お父さんが帰ってきたときなど、シチュエーションを決めて適切なあいさつができるか、みていきます。帰ってきたお父さんに「ただいまー」と言ったときには、「おかえりなさい」とさらっと正解を口にするだけにしましょう。

休日
❸週目

2 シチュエーションごっこ

❶「お友達ごっこしようか? お母さんがお友達をするね。〇〇ちゃん誕生日だからプレゼントあげる!」「してもらった」ときを想定して寸劇をしましょう。

❷「ありがとう」とお礼を言う、目を見て伝えるなど、相手が喜ぶ対応をたくさん教えてあげてください。

POINT

- 考える前に口が動く、体が動くまで染み込ませよう。
- いいお手本をたくさん見せてあげよう。
- たくさん失敗していいと伝えよう。

チャレンジ

人を頼ることができるように

迷子になってしまったなど、人を頼らなくてはならなくなったとき、ガラスを割った・友達にケガをさせてしまったなど迷惑をかけてしまったとき、困ったときを想定して、相手に何を伝えて、どう動けばいいのかを一緒に考えましょう。いざというときに感情にのまれず自然と体が動くというくらい、シミュレーションして体に染み込ませておきましょう。

まずはここから

あいさつから始めよう

日常によくあるシチュエーションで遊びましょう。毎日必ず使う表現は「あいさつ」です。あいさつごっこに通じますが、家の中であいさつするとき、保育園に向かう途中、買い物のスーパー、マンションのお隣さんにあったときなど、毎日あるシチュエーションを想定して、あいさつできる習慣がつくようにしましょう。

3
カ月目

成長チェックリスト

できるようになったことをチェックしていきましょう！
初めてできた日も、記念日として記録してみてください。

✓	できたこと	できた日
□	ねんどで見本と同じものをつくれた	／
□	砂場で大きな山をつくれた	／
□	家族の絵を描けた	／
□	一緒にしりとりができた	／
□	連想ゲームで野菜を5個あげられた	／
□	お母さん、お父さんに手伝ってもらいながら、一つの文章をつくれた（言えた）	／
□	自分の名前と年齢が言えた	／
□	一緒にお友達ごっこができた	／

もっと
チャレンジ!

発展的な力を身につける

もっと
チャレンジ!

発展的な力を身につける

1カ月目では就学前に押さえたい10の基礎概念を定着させ、2カ月目では「記憶力」「イメージ力」「推理力」と思考の土台をつくり、3カ月目で「表現力」「語彙力」「作文力」「コミュニケーション力」と伝える力を磨いてきました。

「もっとチャレンジ!」では、3カ月目までに養った力を基礎にして、

☆音感
☆英語力
☆計算力
☆嗅覚・味覚
☆筆圧
☆拡散思考

の発展的な力が育つ6つのあそびをご紹介します。

「音感」と聞くと、習い事に連れて行かなければ身につけられないと思われるかもしれません。「英語力」や「計算力」なんて「そんなに小さいうちから勉強させなくていいのでは？」と思われる方もいらっしゃるでしょう。

実はこうした考えは大人が勝手に思い込んでいるだけなんです。

０〜６歳までの子供たちの知識欲はすさまじく、何でも知りたい・やってみたいが止まらない、チャレンジ精神そのものです。

習い事など特別な環境に身を置かなくても、音楽のある家庭にいれば音感が育ち、英語や計算方法を知れば自分から覚えようとします。**子供たちにとっては全てがあそび、学ぶことは「知りたい」という本質的欲求が満たされる喜びです。**

「まだ小さいから」の制限を外して、挑戦の場を与えましょう。

「この子ってこんなことに興味があったの?!」

「こんなことが得意なんだ！」

予想もしない才能が開花するかもしれません。我が子のことをもっと知りたいと思うお母さん、お父さんの欲も満たされること、間違いなしです。

発展

1 音感あそび

❶車での移動時間、朝ごはん・夜ごはんの準備中に音楽をかけましょう。音が単純で歌詞も短い「童謡」がおすすめです。

❷聞く（インプット）だけでなく、歌う（アウトプット）をしましょう。童謡のように短い歌は、子供も覚えやすく、歌いやすいものです。２回繰り返して流し、３回目は「〇〇ちゃんの番だよ！」と促して、歌う機会もあげるといいでしょう。

もっと
チャレンジ！

POINT

- 小さい頃から童謡、クラシックなどいろいろな音楽に触れよう。
- 親が好きな音楽でも OK。一緒に音を楽しもう！

チャレンジ

和音クイズにチャレンジ

音楽に慣れ親しんで、耳で聞いた歌を歌えるようになってきたら、ピアノを使って和音クイズに挑戦しましょう。３つの音を同時に響かせる三和音を弾いて、３つの音が言えるかクイズをします。「ドミソ」「ファラド」「ソシレ」の長三和音、「レファラ」「ミソシ」「ラドミ」の短三和音の基礎６つを使ってクイズを出すといいでしょう。

まずはここから

一音一ポーズ！体を使って覚えよう

「ドレミ」の音と、その名前を知ることからスタート。「『ド』はしゃがむよ、『レ』はバンザイ、『ミ』はジャンプだよ」など、耳だけでなく体を使って、音と動きを連動させ、楽しく音が体に染み込むようにしましょう。はじめは「ド」と「レ」の２音から、だんだん音を増やしていきます。

発展

2 五感あそび

❶皮をむく前の果物を用意します。リンゴ、バナナ、キウイ、ミカン、季節の果物を3つほど用意して「匂いだけで何の果物か当てられたら、食べられるよ！」目をつぶらせて、匂いを嗅がせてあげます。形がわかるとクイズになりませんので、しっかり目を閉じさせて、本人に持たせないようお母さん、お父さんが鼻の近くに果物を持っていって嗅がせましょう。

もっと
チャレンジ!

POINT

- 嗅覚・味覚はおやつや食事にからませて
楽しく育てよう。
- いい匂いのものだけでOK。
苦手な匂い、臭い匂いは覚えなくていい。

チャレンジ

お手伝いで
複雑な香りを知ろう

一つひとつの食材の味を覚えだしたら、普段食べている食事はどれだけの味が混ざり合っているか教えましょう。そのためには、料理の工程を一緒に体験するのがいちばん。塩、砂糖、しょうゆ、唐辛子など、調味料が加えられていくごとに、香りが沸き立ち、重なり合っていく工程を知ることで、複雑な味がどの要素でできているのかを知ることができます。

まずはここから

目をつぶって
何の味かな?

何種類かの果物を、目を閉じたまま食べて、味だけで何の果物かを当てさせます。口に入れる大きさがそろうように、それぞれ5㎜角ほどに切ってお子さんの口に入れてあげましょう。視覚からの情報が一切絶たれることで、嗅覚、味覚、(舌の)触覚が冴えわたります。

発展

3 計算あそび

❶縦×横が5×5になるマスを書き「1＋1」「1＋2」「1＋3」「2＋1」「2＋2」「2＋3」……と書き込んで覚えていきます。繰り上がりしない5＋5までを縦横5までの25マス計算で覚えていきます。お母さん、お父さんがついて答えを教えて数字をマスに書かせてあげます。

もっと
チャレンジ！

POINT

- 意味はわからなくて OK。
  書いて聞いて丸ごと覚えよう。
- 100 玉そろばんなど教材を使うのもおすすめ。
- 縦横 5 までの 25 マス計算で、
  足し算の答えも覚えよう。

チャレンジ

100 マス計算にチャレンジ

計算に慣れてきたら 10 × 10 の 100 マスを埋める「100 マス計算」に挑戦します。そのとき、全部埋められるまでの時間を計りましょう。はじめは 5 分くらいかかりますが、何回も繰り返すごとに短くなっていきます。子供たちは書き込みながら答えを覚えてしまいます。計算でも、完全記憶にしていくと、後に大きな助けとなってくれます。

まずはここから

足し算を知ろう

足し算の概念を知ることから始めましょう。1 と 1 を足すと 2 になる、2 と 2 を足すと 4 になる……と、数字を足すことの意味を教えてあげます。100 玉そろばんや 10 玉そろばんなどの教材を使うと視覚的に覚えられてわかりやすいでしょう。

発展

4 英語あそび

❶ 英語の歌を繰り返し聞きます。年齢に応じた子供向けの教材を使うのがおすすめです。短い歌を2回連続して聞き、その後3回目を子供の番にしましょう。3回目は歌い声がなく、メロディーだけが流れるCDがあるといいですね。なくても「今度は○○ちゃんが歌ってみよう」と促して、アウトプットの時間をとりましょう。

❷ 読み聞かせの際に、英語の本の日をつくってみましょう。外国の絵柄、文化に触れる機会になります。

もっと
チャレンジ！

POINT

- 時期がくればできるので、
子供が歌えることを期待せずに取り組もう。
- 適切なレベルが力を育てる！
年齢に合った教材を使おう。

チャレンジ

英語の絵本を暗唱しよう

その子の段階に合った教材を使うことが何より大切です。市販の教材は実際の年齢ができること以上のレベルでつくられていることが多くあります。長い英語の歌をいくつも聞くより、何冊もの英語の絵本を読み聞かせるより、１冊４ページの英語絵本を丸暗記できたほうが子供の自信となります。簡単なレベルのものを選んで、子供の自信を育てましょう。

まずはここから

ただひたすら聞くだけ

数ページだけの英語の絵本を夜の読み聞かせに使いましょう。音を聞くだけでいいととらえて、ただ聞かせるだけ。英語に触れる時間を取ります。初めて触れる音や絵柄に慣れるだけというつもりで、お母さん、お父さんも気楽に取り組んでください。

発展

5

えんぴつあそび

❶簡単な迷路や3点をつないで三角形を描いたり、4点をつないで四角形を描いたりして、えんぴつをコントロールできるようにしていきましょう。

❷慣れてきたら、「道の真ん中に線を引いてみよう！」と声をかけ、迷路の外側の枠に当たらないように線を引く練習をします。程よい強さで握らないと、紙が破れる、線が薄くて見えないなど、いろいろな発見を子供自身がしていきます。

もっと
チャレンジ!

POINT

- えんぴつを使う機会を増やそう。
- えんぴつの持ち方はお箸の持ち方につながるから、正しく持てるようにしよう。

まずはここから

点つなぎでいろいろな線を引いてみよう

紙に2点を打ち、「この点からこの点に線を引いてみよう」と、思ったところに線を引く練習をします。はじめはまっすぐ引けません。ゆらゆら、ぐらぐらした線ですが、点と点をつなげたときには思いっきりほめてあげてください。教材では、ジグザグ折れ曲がりながら、ぐるぐる回転しながら点をつなげるものもあるので、教材を利用するのもおすすめです。

チャレンジ

文字に挑戦しよう

真っすぐな線が引けることは、綺麗な字が書ける基礎となります。線をコントロールして描けるようになったら、文字に挑戦してみましょう。お勉強と思わず、迷路や点つなぎの延長で楽しくトライします。

発展

6 つまようじあそび

❶いつも使っている「食べ物に刺す」以外の使い方を考えて教えてあげましょう。たとえば、余ったケーキにラップするときにクリームの形を潰さないようにようじを刺してラップを乗せるなど、お母さん、お父さんのアイデアを実際にやってみます。ようじを刺すところまでお母さんがして、「○○くん、ラップをこの上にかけてみて」と、最後は子供にさせます。「ほんとだ！　崩れない」と、発見と成功を体感させます。

もっと
チャレンジ！

POINT

- どんなアイデアもほめて、
子供をアイデアマンにしよう！
- アイデアが湧き出るのはお手伝いの中から！
たくさん手伝わせよう。
- つまようじ以外の身近なアイテムでも、
工夫した使い方を考えてみよう。

チャレンジ

アイデアの枠を広げよう！

食べ物に使われることが多いつまようじですが、全く違う場面で使えないか考えてみましょう。包装材のプチプチを潰すのに、窓のサッシの隅っこのホコリを取るのに……と、使える場所の範囲を広げてアイデアを出していきます。輪ゴムや靴下など、つまようじ以外のものでも、意外な使い方を考えてみましょう。

まずはここから

つまようじの普通の使い方を知る

つまようじは何に使われるものなのか、通常の使い方を知ることから始めましょう。果物やたこ焼きを刺して食べる、お豆などお箸でつまみにくいものを食べる、またはピンチョスなどおしゃれで可愛い料理をつくるためにと、ようじを使っている場面を思い出して使い方を確認しましょう。

Chapter 3

もっと愛が伝わる！
親子コミュニケーション

あそびはコミュニケーションの場

子育てでいちばん大切なのは、**親が子供に愛を伝え、子供がその愛を十分に受け取る循環が成り立っていること**です。

親子の問題はこの循環が上手くいかないときに生じるもの。親のほうは十分に愛しているつもりでも、子供にその愛が伝わらず、「親から愛されなかった」と思ったまま大人になってしまうケースが多いのは非常に残念なことです。

自分自身が親との関係が良くないという方、また周囲で親子のコミュニケーションが上手くいっていない話を聞き、「愛がきちんと子供に伝わっているのか心配」「愛情不足で非行に走ってしまったら……」と親御さんからのご相談は後を絶ちません。

特に働くお母さんは子供と接する時間が短くなってしまい、自分の愛を子供に伝えることが全くできていないのではと不安を抱えているのです。

でも、気にしすぎなくて大丈夫です。

適切な言葉と態度で示していけば、愛のサイクルを上手に巡らせることができるのです。愛が伝わるコミュニケーションには少しだけコツがあります。

- **子供が喜ぶほめ方**
- **傷つけずに間違いを教える叱り方**
- **子供のイライラの鎮め方**
- **スキンシップのとり方**
- **子供の自己肯定感の守り方**

Chapter 3で紹介するこうしたポイントを押さえておけば、ほめるとき、叱るとき、子供のイライラが爆発したとき、抱きしめるとき、日常の全てのシーン、全ての時間が愛を伝える機会となるのです。

本書でお伝えしてきた、絵本読みやお手伝い、右脳あそびはもちろん、愛を伝える特別な時間。親子間のコミュニケーションポイントを押さえて、言葉で、態度で、存分に愛を表現してください。

あなたの愛がお子さんの心に届くこと間違いなしです。

子供が喜ぶほめ方

「ダメなところはすぐ見つけて注意してしまうけれど、いいところはなかなか見つけられず、ほめることが苦手……」

というお母さんは多いかもしれません。

ただこれは、ほめることができないわけではなく、慣れていないだけ。

「ほめるどころか、毎日怒ってしまいます」

というお母さんも、本当はお子さんのいいところを見つけ、言葉にして伝えていきたいと思っているはずです。

お母さんがほめ上手になると、次はもっとやろう、自分ならできると、やる気や自尊心が一気に高まります。

人を喜ばせたいという欲求は人間誰しもが持っていますが、お母さんの喜ぶ顔は子供にとって何より心が満たされるごほうびなのです。

「今まであまりほめてこなかったな」「ほめるのは苦手だからできないな」と思う方は、ほめポイントを見つけて、少しずつ言葉にする練習をしていきましょう。

子供が喜ぶほめ方のポイントは次の2つです。

❶線でほめる

❷"自分から"をほめる

ひとつずつ見ていきましょう。

❶線でほめる

子供の心に響くのは、点ではなく線でほめられたときです。

「縄跳び飛べるようになったんだね」は今の時点、つまり点のほめ方。

「1週間前は『できないからもうしたくない』って言ってたのに、こんなに飛べるようになってすごいね。たくさん練習したんだね」は線を意識したほめ方です。

後者のほめられ方をすると、「お母さん、そんなところまで見ていてくれたんだ」と**親が自分のことをずっと見ているという愛情を感じて嬉しさが込み上げます。**

また「たしかに、1週間前の自分は飛べなかったのに、できるようになったんだ」と、自分の成長や努力を自覚する機会となります。

子供の時間軸を意識して、少し前と比べたときの差を具体的にほめてあげましょう。

❷〝自分から〟をほめる

2つ目のほめ方ポイントは子供が自主的に行動したときの行為をほめること。

親が頼んでいないのにみんなの靴をそろえた、帰ってきて、いつもなら「手を洗いなさい」と言われてからしか動かなかったのに、すぐに洗面台へ向かって自分で手洗いをした、脱いだら脱ぎっぱなしの靴下が洗濯機に入れてあった……など、お母さんの口添えがなくとも自分から動いたときには、お母さんが気がついた瞬間に、すぐにほめてあげてください。

「頼んでないのに、みんなの分までしてくれるなんて気遣いに感動しちゃう」
「言われないのに手洗いしてすごいね」
「お母さん、靴下拾い集めて洗濯機へ入れるの大変だったから助かるよ」

あなたの自主的な行動でお母さんが助かるというメッセージを受け取ると、子供は自分の存在が認められたと感じます。自己肯定感がぐんぐん上がっていく瞬間です。

私も子育て中に、子供たちのいいところ発掘力を高めようと、「ほめノート」をつけていた時期があります。毎日5つ、子供のここがすばらしいというほめポイントをメモしていくのです。

はじめは5つでも多く感じてしまいますが、慣れてくると「ひとりで起きてきて、おはようと言った」「お母さんのごはんがおいしいと、納豆を出しただけでほめてくれた」「毎朝、トイレにいく習慣がついてきた」など、日常の中にいくらでも子供をほめるポイントが散りばめられていることに気がつけるようになります。

ほめることが増えたと感じたら、それは、これまで見過ごしてきた小さな成長にも目を向けられるようになったということです。毎日の中に感動が増え、お母さんのハッピー度もアップ。ほめて喜んでいるのは子供とお母さん、双方なのです。お母さんの上手なほめ方は子供たちに伝わって、今度はお母さんをうんとほめてくれるようになりますよ。幸せのサイクルです。

POINT

- 少し前の行動と比較して「線」でほめよう
- 指示されず「自主的に」してくれたことをほめよう

傷つけずに間違いを教える叱り方

「なんであなたは乱暴者なの?!」
「何回言ってもダメなんだから」
「もう知らないよ」

いつも叱ってばっかり……というお母さん、どんなふうに叱っていますか? ついついこんな言葉が出てしまっていませんか?

ほめるのは難しいと思っていても、叱るのは当たり前になってしまっていて、難しいとか簡単とかも考えたことすらない、という方は多いかもしれません。

実は、叱るという行為もとても難しいものなのです。

叱っているようで、親の余裕のなさから生じるイライラに任せて怒鳴ってしまっていることが非常に多いのです。

私のところにも、どうにか上手な叱り方を身につけたいと悩んでいる親御さんからのご相談が非常に多く寄せられます。

上手に叱るとは、子供の自尊心を傷つけずに行為のみを指摘し、反省や改善を促す伝え方のこと。

上手に叱られると、子供の精神の発達もグンと促進されるのです。

叱ることは、親の仕事の中でもかなりの大役。ここで上手に叱るポイントを3つお伝えします。

❶叱る時間は1分以内
❷子供の人間性を否定しない言葉
❸言いすぎたら謝る

❶叱る時間は1分以内

いつまでも叱ると、反省を促すどころか「小言が多くてうるさい人」と判断し、聞き流すことを覚えてしまいます。時間は短く、1分以内に終わらせると決めて話しましょう。すると、必然的に言葉は端的になります。

要点を押さえた短い言葉は、子供の中にずっと残り、同じような場面に遭遇した際の教示となるのです。

❷子供の人間性を否定しない言葉

最も注意しなければならないのは、子供の人格を否定する言葉を使わないこと。「こんなことするなんて信じられない」「うちの子じゃない」子供の存在を否定するネガティブな言葉は「愛されていない」というメッセージとして強烈に植えつけられてしまいます。

「あなたのことは大事に思ってる、でもね……」とお友達のおもちゃをとった、妹を蹴った、嘘をついた、など**行為について指摘して叱りましょう。**親からの愛と、子供がとった叱るべき行為を切り離して上手に伝える方法です。

❸言いすぎたら謝る

とはいえ、親も人間。ポイントを押さえたからといって上手に叱れないこともありますよね。感情的になるときもあるし、言ってはいけないと思っていても、つい言ってしまうこともあるでしょう。

「叱る」のでなく、自分のイライラを子供にぶつけてしまったとき、大切なのは謝れる親であることです。

自分が悪かったと認めることは、いくつになっても難しいものですが、子育てはそんなちっぽけなプライドを捨てさせてくれる絶好の機会です。

「お母さん、さっきはイライラしてしまって、どなっちゃってごめんね」

お母さんが素直に謝って許さない子はひとりもいません。

「うん、いいよ」「ぼくもごめんね」お子さんからの返事に、子供のほうが親を愛していているって本当なんだなと感じることもあるでしょう。親子はお互いが写し鏡です。親が自分に正直になるほどに、子供もまた正直な気持ちでぶつかってきてくれるのです。

人は自分が与えられたものしか、他者へ与えることができません。**親に謝ってもらった経験がなければ、子供も人に謝ることはできないのです。**

叱るも謝るも、親からされたようにするのが子供です。自分を否定されることなく叱ってもらえた子、親が自分の非を認めて謝ってもらえた子は、下の兄弟やお友達にもそのように振る舞うことができるでしょう。

POINT

- **1分と時間を決めて、長々と叱らない**
- **子供の人格を否定する言葉は使わない**
- **言いすぎてしまったら必ず親から謝ろう**

子供のイライラの鎮め方

「テストに合格できないから水泳はやめたい」
「ピアノの発表会、出たくない」
「計算間違ってばかりだから算数はしたくない」

上手くいかなくて子供がイライラしているとき、どんな声かけをしていますか？**「今のやり方が悪い、違う方法を探そう」「もっと練習しないとダメだよ」**など、**やり方やスケジュールを親が決めてしまうことはないでしょうか？**

できるようになってほしいという親の思いからの言葉は、子供のイライラを助長してかんしゃくや口論となり、親子ともにイライラが募るなど、悪循環を招くことになりかねません。

親はつい「できない」という現状を「できる」状態にするためにどう変えていくかに目を向けがちですが、その思考は一旦ストップしましょう。

子供たちも当然、できるようになりたいと思っています。

でもできない今の自分が悔しくて悲しくて、そんな感情の渦にのまれているときには、原因を聞かれても、解決方法を諭されても右から左。

何も響かないどころか「私の気持ちをわかってくれない」とマイナスの感情が沸き起こってしまうのです。

まずは、子供の気持ちを認めてあげること。

「できなくて注意されて悲しかったんだ」「いつもできるようにがんばっているもんね」と、お母さんが受け止めてくれることで、子供の体内で嵐のように渦巻く気持ちが少しずつ落ち着いていきます。

イライラから気持ちを離し、気持ちをリセットさせてあげることが大切です。

リセットされ落ち着いた後で、これからどうすればできるようになるかなど、お母さん、お父さんのアイデアを伝えましょう。

そのアイデアも絶対的なものではなく、ひとつの選択肢であると教えてあげることも忘れずに。

習い事など、先生がいれば先生に親子で相談して解決方法を聞くのもいいですね。

「先生に○○ちゃんの気持ちを伝えて、どうしたらいいか聞いてみようか」と一緒に解決していこうとサポートの気持ちを差し出すと、子供の安心につながります。


その他、おじいちゃん、おばあちゃんに聞いて、たくさんの解決方法があることを知れば、「できるようになる」という心強さが沸き起こってくるのです。

注意したいのは、

「ここまで習ってきたんだから諦めないで」

「せっかくドレス買ったんだから、発表会は出よう」

「せっかくスケジュール立てたんだから、こなそうよ」

と、続けてほしい気持ちを最優先して、言葉をかけることです。


子供の気持ちを無視したこうした声かけが、プラスの効果をもたらすことはありません。

継続を強制するのではなく、今どんな気持ちなのかだけを受け止めて、「あなた次第だから好きに決めていいよ」というスタンスでいましょう。

「お母さん、発表会が近いけど全然できないから助けて」と自分からヘルプのサインを出せたらたいしたもの。自分で解決へ向かう行動ができたという実績になるのです。

親がしてあげるのは、感情を受け止めてリセットさせること。

イライラから離れることさえサポートしてあげれば、ポジティブな気持ちが自然と芽生えてきます。解決につながる行動へ自然と向かっていけるのです。

POINT

- 親が無理やり行動させようとしない
- まずは休んで気持ちをリセットさせる
- 子供と一緒に解決方法を考えてあげる

スキンシップのとり方

「子供とスキンシップの時間をとっていますか？」と聞かれたら、とれていないかもしれないと不安になる方は多いかもしれません。

特に働いているお母さんは、平日は時間との闘いで、子供と接する時間が短いことを気にされているでしょう。

「もう抱っこする機会も減ってきて、わざわざ抱きしめる時間ってどうやってつくるんだろう」

肌の触れ合いが当たり前だった赤ちゃん期から、成長するごとにスキンシップはハードルの高いものになっていきます。

日本にはハグの文化がありませんから、抱きしめ合うことは特別な行為に感じられてしまうのも、スキンシップに気負いが生じる原因でしょう。

「何を指してスキンシップというのだろう」

「子供とのスキンシップってどういうふうにとればいいのかな」

そんなふうに難しく考えなくて大丈夫です。

手をとって爪を切ってもらうとき。

目をつむってシャンプーを流してもらう瞬間。

仕上げ磨きするよと、口の中を覗き込んでくるとき。

子供はお母さんとの触れ合いを感じているものなのです。特別なことをしなくても、**特別な時間をとらなくても、生活の中で一緒に時間を過ごしていれば、それは全てスキンシップなのです。**

大切なのは愛を伝えること。お母さんのほうもぜひ、爪切り、お風呂、歯磨きなどをお世話としてこなすのでなく、スキンシップの時間として愛おしんでみてください。笑顔で見つめ合う、それだけでもスキンシップなのです。

POINT

● **ただ一緒に過ごすだけでスキンシップになる**

● **「お世話」と思わず、大切なスキンシップの時間として捉えよう**

子供の自己肯定感の守り方

ありのままの自分を愛してほしい、自己肯定感が高い子になってほしい、そう望まない親はいないのではないでしょうか。今、日本では多くの子供たちが「僕なんか……。私なんて……」と感じているのは残念なことです。

人生の岐路に立ち、決断を迫られたとき、もうだめだと思ったとき、自分の決断を信じられるか、ピンチを乗り越える強さを持てるかは自己肯定感の高さにかかっています。

一体どうしたら高い自己肯定感を持つ子供にしてあげられるのでしょうか。**実は、子供の自己肯定感は親にかけてもらった肯定的な言葉によって育っていきます。**

「あなたがいてくれるからお母さんは幸せ」
「何でも一生懸命取り組んで偉いね」
「優しい言葉をかけられる子になってくれてありがとう」

そうした言葉を普段からたくさんかけることで、子供の潜在意識の中に言葉が染み込んでいくのです。

人には顕在意識と潜在意識、2つの意識があり、普段私たちが「〇〇したい」「私って〇〇なところがある」と自覚している意識は顕在意識です。

顕在意識と潜在意識の力の比率は、顕在意識が3~10%、潜在意識が90~97%といわれています。私たちが自分の思いだと認識している部分は10%未満にすぎず、行動も思考も潜在意識の影響を受けて発現しているのです。

潜在意識は思い込みでつくられるという特徴があります。

ですから、**幼少期に親から肯定的な言葉をシャワーのように浴びるほど、肯定感が蓄積され、自分は存在するだけで価値があるのだという思い込みをつくってあげられる**のです。

自己肯定感の高い子供に育てるには、脳が急速に大人と同じ大きさに成長する0歳~6歳の時期に親が言葉がけに気をつけて、子供が自分を好きになる、肯定的な暗示をかけてあげることが重要なんですね。

子供の自己肯定感を育てる言葉がかけられるかは、親御さんがとにかく他の子と比較しないで子育てできるかにかかっています。

とはいえ子供が成長するにしたがって、言葉の発達や、絵が描ける、字が書ける、友達と仲良く遊べる、などあらゆることで「周りの子よりも早くてすごい、遅くて不安だ」と親はつい比較してしまうもの。

あるお母さんは、3歳ですでに字がかけるママ友の子供を見て、焦りを感じていたそうです。

そんなとき自分の父親（おじいちゃん）に相談すると「男の子はゆっくり育つからいいんだ。ゆっくりじっくり熟成されるから大物になれるんだ」と言われて安心したのと同時に、期待と焦りで我が子のいいところを全く見れなくなっていたこと、子供を認める言葉をかけられなくなっていたことに気づいたそうです。

子供が生まれてきてくれたとき、腕に抱いた小さな我が子の命の重さに愛しさでいっぱいになった経験が誰しもあるのではないでしょうか。

「生きていてくれるだけでいい」そう思ったはずなのに、ついつい忘れてしまう私たち。**我が子を比較し、批判していると気がついたときには、「生まれてきてくれてありがとう」と、子供の存在に肯定しかなかったあのときに立ち返ってみませんか？**

写真や動画を見て思い出すと、さっきまで感じていた過度な期待や焦りが消え、こんなにも成長してくれたという思いに昇華されていくのを感じられるでしょう。我が子に対して肯定感でいっぱいになることが、子供の自己肯定感を高める大前提です。

子供は他の誰からでもなく、お父さん、お母さんからの肯定的な言葉を求めています。自分をいちばん見てくれているのは、お父さん、お母さんだとわかっているから、親から言葉をもらえると自分を認められるのです。

「あなたはそのままでいいんだよ」とその子の全てを包み込む言葉と、「いつもよくがんばっているね」と努力を認める言葉をかけて、揺るぎない自己肯定感を育ててあげましょう。

POINT

- 子供を肯定する言葉をシャワーのように浴びせよう
- 誰かと比べてしまったら、生まれてきてくれた時を思い出そう

Epilogue

一緒にいるだけで思い出

「子供とどう接したらいいかわからない」

自宅で過ごす時間が増えている今、子供との時間をどう過ごしたらいいのかと、とまどった方も多いと思います。

そうした状況の中で、忙しいお母さんたちが自宅でも取り組める、さらに子供の成長にもつながる遊び方を伝えたい、そんな思いからこの本は生まれました。

我が家も共働きで3人の子育てをしてきました。

就学前の子育てといえば、登園の準備のための慌ただしい朝や、時計を何度も確認しながら急いで向かった送り迎えのことを思い出します。

また、夫婦ともに出張で、預け先もなく幼い子供たちを国内・海外問わず連れ回したことも、数え切れないほどあります。仕事中でかまってあげられないときのために、絵本やプリントなどをたくさん荷物に詰めて行ったこともあります。あるときは、子供が入院したり、手術をしたことも……。思い返せば、慌ただしい日々の中で、何がいいのかもわからず、とりあえずやってみることも多かったように思います。

そんなときに、子供とどう過ごしていたかを少し振り返ってみました。

とにかく、私たち夫婦が子供のためにつくれる時間は、細切れの時間しかありませんでした。当時から暮らす島根県は、自然が多い田舎なので、町は車社会です。子供たちを車に乗せてどこかに出かけるときには、童謡・クラシック・英語の歌・学習ソング、詩・俳句・民話・落語……と、さまざまなCDを用意してかけ流していました。

長距離ドライブのとき、親は手も月もほとんど使えませんが、しりとりならできます。踏切で待っているときには「どっちから列車が来ると思う？」と子供に声をかけ、あてっこ遊びをしました。

子供が入院して、ベッドから出られないこともありました。

そんなときは、病室の窓際にズラーッと絵本を並べ、ベッドの上に折り畳み式のミニテーブルを置いて、えんぴつ・色えんぴつ・のり・ハサミなどを用意して、ぬり絵・切り絵・貼り絵・迷路など、やりたいプリントを自由にさせました。それですっかりハサミを使うのがうまくなったりもしました。

子供は楽しいことが大好きです。

一見、大人からすると「勉強」と思えるようなことでも、子供はあそびと捉えていることがあります。

あそびになるかどうかは、声かけだけでも変わります。子供にとっては、お母さん、お父さんと一緒にいるだけで、本来、楽しい嬉しい宝物の時間なのです。

「やりなさい！」と強制されたら、「やりたくない！」と抵抗されるかもしれません。でも、お母さんから、笑顔で「やってみない？」と提案されたら、笑顔で応えるのが子供です。

そして、親子でいろいろなあそびに取り組むことで、お子さんはぐんぐん力をつけていきます。未就学の子供は、ちょっと刺激しただけで驚くほど成長するのです。

そうはいっても、子供とふたりきりになると、どのように声をかけ、相手をしてあげればいいかわからない、というお父さんもいると思います。

仕事が忙しく、子供がまだ寝ているうちに仕事に出かけ、子供が寝てから帰宅するので、子供の相手をしてあげられるのは週末だけ、そんなお父さんにも、ぜひ取り組んでいただきたいです。

もちろん、紹介した全てのあそびをこなそうと思わなくて大丈夫です。

本書は子供の能力が伸びるあそびのネタ帳と考えてもらい、できそうなことだけを、紹介したやり方を参考に、お子さんと一緒にやってもらえれば十分です。

もし、うちの子にはまだちょっと難しいかなと感じたら、「まずはここから」に書いてあることをやってみてください。逆にこれはちょっと簡単すぎるかなと思ったら、「チャレンジ」に書いてあることをやってみましょう。

本書で紹介したものは、あくまでひとつのアイデアであって、遊び方は無限にあります。きっと、親子で一緒に遊んでいるうちに、お母さんから、お父さんから、お子さんから、たくさんのアイデアが生まれることでしょう。

ここに載っているものも、いないものも、ぜひ、お子さんが気に入ったことを続けていってほしいです。

そして気がついたら、子供が本好きになっていた、こんなお手伝いができるようになった、基礎概念が身についてきた、記憶力・イメージ力・推理力や、表現力・語彙力・作文力・コミュニケーション力がアップしてきた、と感じてもらえれば、著者としてこれ以上に嬉しいことはありません。

でもすぐに効果が見えなくても決して焦らないでくださいね。子供にはその子のペースがあります。ゆっくり成長を見守ってあげてください。

世のお母さんたちは、それぞれ置かれた環境の中で、精一杯がんばっていらっしゃると思います。

子供のことを考え、家族のことを考え、自分のことは後回しにして、家事に、仕事に、張り切って過ごしているのだと思います。そんな張り詰めた日々の中で、週末だけは少し気持ちを解放し、意識してお子さんと向き合う時間をつくってみてください。

我が家の3人の子供たちが全て成人した今、子育てのキーワードになっていたのは「一緒に」だったと感じています。

親は、上から目線で子供を見て指導するばかりでなく、時には子供と同じ方向を見て、一生懸命、一緒に何かに没頭することが必要だと思います。それが、いつの日か独り立ちして、親から離れていく我が子との大切な思い出になるのです。

ぜひ、子供と一緒に過ごせる週末を有意義に過ごしてください。

家族のイベントもいい思い出になります。そのときに撮った写真は、スマホに閉じ込めておくのではなくプリントして、アルバムづくりまで親子で一緒に楽しみましょう。それが家族の絆となり、子供の自己肯定感を高めるのに役立つ日がきっとやってきます。お出かけしない日には、本書を存分にご活用ください。

末筆となりましたが、WAVE出版編集部の枝久保さん、ライターの福井さんには、大変な時期に何度も何度もオフィスにお越しいただき、おかげさまで、短期間で本書を仕上げることができました。大変お世話になりましたこと、この場を借りて厚く御礼申し上げます。

令和二年十月吉日

七田　厚

身につけたい能力から探す

右脳あそび索引

「七田式教育」のもっと詳しい情報や、
役立つ子育ての知恵、
右脳あそびにも使える教材や
おもちゃ、絵本の紹介まで！
気になった方は
チェックしてみてください！

七田 厚（しちだ こう）

株式会社しちだ・教育研究所代表取締役。七田式主宰。

1963年、島根県生まれ。東京理科大学理学部数学科を卒業。「幼児の右脳教育」を広めた七田式の創始者、七田眞の次男。七田式の教室は、国内約220教室に加えて、世界18の国と地域にも広がっている。また、自らも開発に関わる「七田式」の教材も評価が高く、過去10年間で約15万世帯から購入されている。

また、教室の運営や教材販売に限らず、「たくさんの親御さんの子育てが楽になるように」という思いから、全国各地で講演を行い、子育てに悩む多くの親たちの支持を集めている。

著書に『「子どもの力」を100%引き出せる親の習慣』（PHP研究所）、『七田式頭が鋭くなる大人の算数ドリル』（青春出版社）、『忙しいママのための 七田式「自分で学ぶ子」の育て方』（幻冬舎）などがある。

七田式
0～6歳の週末右脳あそび

2020年11月19日　第1版　第1刷発行

著　者　　七田 厚
発行所　　WAVE出版
〒102-0074　東京都千代田区九段南3-9-12
TEL 03-3261-3713　FAX 03-3261-3823
振替 00100-7-366376
E-mail: info@wave-publishers.co.jp
https://www.wave-publishers.co.jp
印刷・製本　株式会社シナノパブリッシングプレス

NDC599　191p　19cm　ISBN 978-4-86621-318-7